❷ 삼국 시대와 남북국 시대

글 김은의

세상만사 다양한 일에 관심이 많으며, 아이들과 도란도란 이야기 나누길 좋아합니다. 아이들이 행복한 세상을 꿈꾸며 동화와 논픽션을 쓰는 어린이책 작가로 활동하고 있습니다.
《상상력 천재 기찬이》로 푸른문학상,《놀이의 영웅》으로 송순문학상을 받았고, 동화 작가가 모여 만든 '날개달린연필'에서 기획한《명탐정, 세계 기록 유산을 구하라!》로 창비 '좋은 어린이책' 기획 부문 대상을 받았습니다.
그동안 쓴 책으로는《비굴이 아니라 굴비옵니다》《웃음꽃이 핀 우리 문화유산》《길 이름 따라 역사 한 바퀴》(서울 편, 전국 편)《한 숟가락 역사 동화》《열려라! 나의 첫 번째 한국사》등이 있습니다.

그림 김용길

학교 수업 중 역사 수업을 가장 좋아했으며, 세계사와 한국사는 재미있는 이야기인 동시에 흥미로운 탐구 대상이었습니다. 그래서 즐거운 마음으로 역사 이야기를 만화로 그리는 일을 하고 있습니다.《금강산선 이야기-1944, 철원에서 비로봉까지》《독립운동가 단편 만화 모음집》에서 <메신저>를 그렸으며, 역사를 소재로 한《도깨비 로봇》을 만들었습니다.
한국사는 이 땅을 지켜 낸 조상의 이야기이기도 합니다. 어린이 친구들이 한국사를 재미있게 읽을 수 있기를 바랍니다.

감수 이선희

현직 초등학교 교사입니다. 서울교육대학교와 연세대학교 교육대학원을 졸업하였으며, 다양한 EBS 프로그램에서 초등학생들과 만나고 있습니다. EBS '초등 스토리 한국사', '매일 쉬운 스토리 한국사' 프로그램을 진행하면서 역사의 흐름, 주요 사건, 인물의 업적을 소개하며 초등학생들이 한국사의 큰 흐름을 이해하는 데 노력하였습니다. 학생들이 한국사 공부를 시작으로 세계 역사를 보는 눈도 기르기를 바랍니다.

역사 악동즈 VS 역사 도둑

한국사 고!

❷ 삼국 시대와 남북국 시대

글 **김은의** 그림 **김용길** 감수 **이선희** (EBS 초등 강사)

추천사

　1권에서 선사 시대와 고조선 시대를 다녀온 현우와 수지, 묘묘가 다시 등장했어요. 샤바샤바는 수상한 행동과 함께 거짓말까지 늘어놓으며 도망 다니기 바쁘고요. 이번에는 삼국 시대와 남북국 시대에서 고깔모자와 버블건을 두고 대결을 벌인대요.

　역사 도둑 샤바샤바는 도대체 정체가 뭘까요? 읽을수록 정말 궁금해져요. 광개토 샤바샤바 대왕릉비, 샤바샤바 살수 대첩, 샤바샤바의 삼국 통일, 샤당 연합군이라는 말도 만들어 냈어요. 맙소사! 이 말이 틀렸다는 것을 현우와 수지, 묘묘가 알게 해 줄 거예요.

　생동감 넘치는 그림과 상세한 사진으로 역사 악동즈와 함께 재미있는 역사 여행을 떠나 보세요. 참! 곳곳에 숨어 있는 재미있는 퀴즈도 놓치지 마시고요. 자, 묘묘 뒷발을 꼭 잡고 우리도 슝~!

이선희 (EBS 초등 강사)

목차

추천사 4
역사 악동즈 vs 역사 도둑 소개 5

1장 고깔모자가 사라졌어요!

1 저글링하는 샤바샤바 8
삼국은 어떻게 세워졌을까?

2 후루루 새소리의 비밀 26
삼국은 어떻게 발전했을까?

3 인생 역전의 기회 46
삼국 시대 사람들은 어떻게 살았을까?

4 흰 수염 할아버지의 엄청난 비밀 64
가야는 어떤 나라였을까?

2장 버블건의 주인을 찾아 주세요!

❶ 사라진 버블건 84
고구려는 수나라와 당나라를 어떻게 물리쳤을까?

❷ 벼룩시장에 간 샤바샤바 102
신라는 어떻게 삼국을 통일할 수 있었을까?

❸ 별 볼 일 없는 발해? 122
고구려를 계승한 발해는 어떻게 등장했을까?

❹ 샤바샤바의 진짜 목표 140
통일 후 신라 사회는 어떻게 변했을까?

한눈에 보는 한국사고! 160
문제를 풀자! 162
정답이 뭐야? 164
한국사 연표 166

1장 고깔모자가 사라졌어요!

준서가 집으로 돌아가는 길이었어요. 공원 앞을 지나는데 그네 의자가 비어 있었어요.

"오예!"

준서는 방과 후 교실에서 만든 고깔모자를 빙글빙글 돌리며 그네 의자로 달려갔어요. 인기가 많은 의자라 꼭 한 번 앉아 보고 싶었거든요. 손에 들고 있던 고깔모자는 옆자리에 잘 놓아두고 편안하게 자리를 잡았어요.

흔들흔들, 그네에 몸을 맡기자 눈이 저절로 감겼어요. 그네 의자는 동생 은서가 아기 때 탔던 요람 같았어요. 준서는 자기도 모르는 새에 깜빡 졸았어요. 맹세컨대 아주 잠깐이었어요. 그런데 그새 고깔모자가 사라진 거예요! 준서는 당황했어요. 바람이 불어 날아간 것도 아니고, 그렇다고 주변에 누가 있는 것도 아니었어요.

"뭐지?"

준서는 고개를 갸웃하며 고깔모자를 찾아 나섰어요. 은서 생일 선물로 만든 건데 이렇게 잃어버릴 순 없었지요.

고깔모자는 어디에도 없었어요.

"도대체 어디로 간 거야?"

짜증스럽게 머리카락을 헝클어뜨리며 집으로 향했지요. 그런데 평소에는 무심코 지나쳤던 '분실물 신고 센터'가 눈에 쏙 들어온 거예요. 준서는 망설이지 않고 분실문 신고 센터 문을 열고 들어갔어요.

"안녕하세요?"

준서의 인사에 묘묘가 창가에서 풀쩍 뛰어내렸어요. 현우와 수지는 얼른 자리에서 일어났고요.

한참을 생각하던 준서가 자신 없는 목소리로 말했어요.

"으음, 생각해 보니까 '이번에는 반드시 왕에게 바칠 보물을 가져가야 해.' 그런 목소리를 들은 것 같아."

"왕에게 바칠 보물?"

현우와 수지가 한목소리를 내며 벌떡 일어서더니 동시에 크게 외쳤어요.

"샤바샤바야. 공원으로 다시 가 보자!"

준서는 영문도 모른 채 현우와 수지를 따라나섰어요.

공원에 도착한 준서는 멀리서도 고깔모자를 알아봤어요.
"저거야, 내 고깔모자! 그럼 그 도둑놈이 바로……."
현우 일행이 달려오는 것을 본 샤바샤바가 고깔모자를 벗어 하늘 높이 던졌어요.
"엇!"
준서는 외마디 비명을 지르며 고깔모자를 향해 달렸지요.

그 순간, 샤바샤바는 떨어지는 고깔모자를 머리로 받아 썼어요.
"와!"
사람들 사이에서 감탄이 터졌어요. 샤바샤바는 우쭐해서 또다시 고깔모자를 하늘 높이 던졌고요. 이번에는 준서와 현우, 수지가 한꺼번에 고깔모자를 향해 달렸지요. 하지만 다리 밑을 파고든 샤바샤바 때문에 펄쩍펄쩍 뛰다 넘어지고 말았어요. 그 틈에 샤바샤바는 떨어지는 고깔모자를 사뿐하게 받아 썼고요. 사람들은 다시 환호했고, 샤바샤바는 약을 올리듯이 엉덩이를 요리조리 흔들며 달아났어요.

"우씨!"

아이들이 자리를 털고 일어났을 때 샤바샤바는 고깔모자를 쓰고 놀이터 언덕 꼭대기에 섰어요. 구경하던 사람들은 샤바샤바를 올려다봤지요. 샤바샤바는 두 손을 주머니에 넣고 "어험!" 기합 소리를 내더니 한 손에 두 개씩 공을 꺼냈어요. 그러고는 저글링을 하며 랩인지 주문인지 모를 말을 주저리주저리 쏟아 냈어요.

준서는 놀이터 언덕을 오르려다 숨을 죽인 현우를 보고 잠깐 멈췄어요. 현우가 온 신경을 그르모아 샤바샤바의 랩을 듣고 있었거든요.

"왜?"

"저 가사가 귀에 거슬려서. 삼국을 세운 왕들의 이야기인데……."

현우가 말을 끝내기도 전에 준서가 되물었어요.

"삼국? 고구려, 백제, 신라 그 삼국 말이야?"

현우가 고개를 끄덕이자 수지가 끼어들었어요.

"근데 오빠, 알에서 나왔다는 건 도대체 무슨 말이야?"

현우가 스마트워치를 들여다보며 대답했어요.

"고구려, 신라, 가야를 세운 왕들이 알에서 태어났다는 거지."

"알에서 태어났다고?"

수지 눈이 왕방울만 해지자 현우가 삼국을 세운 왕들의 이야기를 들려주며 덧붙였어요.

"나라를 세운 왕은 보통 사람이 아니라는 거지. 신성한 존재라고나 할까?"

건국 신화를 보면, 나라를 세운 왕이 보통 사람이 아니라 신성한 사람이란 걸 강조하고 싶어 하는 걸 알 수 있어.

샤바샤바는 더욱 신바람을 냈어요. 이번에는 손과 발만이 아니라 고깔모자 끝으로도 공을 받아 돌렸지요. 준서는 고깔모자가 빠지직, 찌그러지는 것 같았어요.

"아, 안 돼."

준서는 숨도 안 쉬고 놀이터 언덕을 기어올랐어요. 하지만 서두르다 주르륵 미끄러졌지요. 그때, 수지 머리 위에 앉았던 묘묘가 놀이터 언덕을 향해 풀쩍 뛰어내렸어요. 슈웅~ 묘묘는 단번에 공 하나를 낚아챘어요. 샤바샤바는 놀라서 멈춰 섰고, 공은 놀이터 언덕 아래로 데굴데굴 굴러떨어졌어요.

사람들의 시선이 일제히 공으로 쏠렸어요. 공은 데굴데굴 구르다 바늘에 찔린 풍선처럼 펑, 펑, 펑, 터졌어요. 불이 난 것처럼 공에서 먼지구름이 솟아올랐지요.

"크흐, 어때, 왕은커녕 먼지밖에 없지? 하지만 샤바샤바는 아냐."

말을 마친 샤바샤바가 휙 돌아서 허리띠로 묘묘를 향해 빛을 반사했어요. 그 바람에 묘묘가 이야옹~ 긴 울음을 울며 공을 떨어뜨렸지요. 떼구르르 공이 구르면서 "응애!" 하고 아기 인형이 톡! 튀어나왔어요.

"대왕마마!"

샤바샤바가 허리를 깊숙이 숙이며 소리쳤어요.

"우리 왕국의 위대함을 직접 보여 주소서!"

그리고는 묘기를 부리듯 독버섯 버클을 아래로 내려 슈웅~ 사라졌어요. 그러자 고깔모자로 손을 뻗었던 아이들이 줄줄이 어딘가로 빨려 들어갔지요.

한강 유역에 자리를 잡은 백제

백제는 한강 유역에 자리를 잡아 삼국 중 가장 먼저 발전했습니다. 한강 유역은 넓은 평야가 있어 일찍부터 농업이 발달할 수 있었어요. 또 한강은 황해와 이어져 중국과 교류하기 좋았기 때문에 중국의 문물을 빠르게 받아들일 수 있었지요. 삼국은 한강 유역을 차지하며 전성기를 맞이했습니다.

오늘날 한강 이남의 서울 송파구에 있는 풍납토성과 몽촌토성 일대를 백제의 위례성으로 추측하고 있어요.

오늘날 몽촌토성

건국 신화의 공통점과 의미

나라가 처음 세워진 이야기를 신성하게 설명한 걸 건국 신화라고 합니다. 그중에서도 고구려, 신라, 가야의 건국 신화에는 공통점이 있습니다. 각 나라를 세운 시조가 모두 알에서 나왔다는 거예요.

건국 신화에 나오는 왕은 대부분 하늘에서 내려왔거나, 알에서 태어나는 등 보통 사람과는 다른 신성한 존재라는 것을 보여 줍니다. 그렇기 때문에 나라를 이끌고 다스릴 만한 왕이 될 자격이 충분하다는 생각을 갖게 합니다. 이렇게 세워진 나라의 백성은 자신의 나라는 하늘이 세운 나라라는 생각을 갖게 됩니다.

1장 고깔모자가 사라졌어요!

2
후루루 새소리의 비밀
삼국은 어떻게 발전했을까?

셋은 샤바샤바를 찾아 나섰어요. 부스럭 소리 하나에도 신경을 곤두세우며 풀밭을 뒤졌지요.

그때 묘묘가 뭔가를 본 듯 풀쩍 몸을 날렸어요. 이야옹~ 셋은 숨을 멈췄지요. 묘묘는 비호처럼 달려 깎아 세운 듯한 기다란 바위 아래로 몸을 내리꽂았어요. 그와 동시에 "아아아아악!" 숨이 넘어가는 비명이 사방으로 울려 퍼졌지요.

샤바샤바는 온데간데없었어요. 묘묘의 앞발에 잡힌 것은 풀잎뿐이었지요. 하지만 묘묘는 포기하지 않았어요. 풀잎이 살짝만 흔들려도 등을 활처럼 구부리고 곧장 뛰어들기를 몇 번이나 반복했지요. 보다 못한 수지가 달려가 묘묘를 안았어요.

그때 마른하늘에 날벼락처럼 큰소리가 났어요.

"웬 놈들이냐?"

언제 다가왔는지 무장한 보초병이 칼을 샥! 빼 들었어요.

"저는 현우예요. 얘는 준서, 얘는 수지고요."

현우는 눈앞에서 번쩍이는 칼날을 보면서도 침착하려고 애썼어요.

보초병이 칼을 쥔 손에 힘을 주며 다시 물었지요.

"여긴 왜 왔지?"

현우는 사실대로 말했어요.

"도둑 잡으러 왔어요. 모자를 훔쳐 갔어요. 우린 쫓아온 거예요."

그제야 보초병이 굳었던 얼굴을 펴며 칼을 내렸어요.

"어휴, 그깟 모자가 뭐라고. 여긴 위험하니까 얼른 집에 돌아가."

말을 마치고는 다시 보초를 섰어요.

"광개토 대왕이 누군지 알아?"

현우가 묻자 수지는 잘 모르겠다는 표정이었어요. 준서 역시 정확히는 모르는 눈치였지요.

"고구려 왕이란 건 아는데…."

현우는 광개토 대왕릉비로 눈길을 돌리며 또박또박 말했어요.

"광개토 대왕은 말이야…."

광개토 대왕과 고구려

고구려 제19대 왕인 광개토 대왕은 고구려의 전성기를 연 왕이에요. 이름은 담덕이고, 영락 대왕, 호태왕이라고도 불려요. 광개토 대왕은 넓은 땅을 정복해 고구려의 영토를 확장했어요. 우리나라 역사상 가장 넓은 영토를 정복한 것이지요. 또 중국의 영향으로부터 벗어나 독립국의 기틀을 닦으려 우리나라 최초의 연호인 '영락'을 사용했어요.

5세기 고구려

그때 샤바샤바 목소리가 들렸어요.

"너희 뭐야? 우리 광개토 샤바샤바 대왕릉비에 꽂힌 거야?"

근처에 숨었는지 목소리가 가까이에서 들렸어요.

"크, 멋지지. 근데 멍청하게 입만 벌리고 섰지 말고 이거 하나는 잘 알아 둬라. 우리 광개토 샤바샤바 대왕님이 만주 벌판까지 영토를 크게 넓혔다는 거. 항상 존경하고. 알았지?"

"그만해요!"

현우는 당장 풀숲으로 뛰어들었어요. 퍼뜩 샤바샤바가 광개토 대왕의 업적을 탐내고 있다는 생각이 머릿속을 스쳐 지나갔지요. 그래서 여기 광개토 대왕릉비에 왔고…, 광개토 샤바샤바 대왕릉비란 거 짓말하고…, 그다음은…. 생각하기도 싫지만, 비석에 '샤바샤바'를 새겨 넣는 거지요.

현우는 풀숲을 마구 휘저었어요. 준서와 수지도 팔을 걷어붙였고요. 하지만 샤바샤바는 그새 사라지고 없었어요.

그때 한 풀숲에서 깃발을 꽂은 고깔모자가 쑥 올라왔어요. 아이들은 동시에 깃발을 향해 뛰었어요. 준서는 발이 땅에 닿는지 안 닿는지 모를 지경이었어요. 넘어지거나 말거나 고깔모자만 봤지요. 이번에는 기필코 고깔모자를 찾아 돌아가고 싶었어요.

살랑살랑 흔들리는 깃발 아래서 샤바샤바 목소리가 흘러나왔지요.
"깃발 보이지? 그게 우리 광개토 샤바샤바 대왕님이 말을 타고 달리는 모습이야. 이렇게 증거를 보여 줘도 못 믿는다면 너희가 무식한 거지."
"무식?"

준서는 고깔모자를 향해 곧장 손을 뻗었어요. 하지만 손에 잡힌 것은 공기뿐이었지요. 샤바샤바는 통 튀는 탁구공처럼 다른 풀숲에서 고개를 쏙 내밀었어요. 준서는 얼굴이 시뻘겋게 달아올랐어요. 고깔모자가 부서지는 건 시간문제 같았지요. 두껍긴 하지만 고깔모자는 종이로 만들었어요. 까딱 잘못하면 찢어질 수 있었지요. 게다가 깃발까지 꽂았어요. 그건 고깔모자 꼭대기에 구멍을 뚫었다는 뜻이었어요. 준서는 그 점을 참을 수 없었어요. 마치 자기 몸에 구멍이 뚫린 것처럼 온몸이 확확 달아올랐지요.

샤바샤바는 장애물 넘기 선수처럼 풀숲을 요리조리 뛰어넘어 보초병 발밑까지 달려왔어요.

"헤이, 병사. 내 모자 줄게 네 칼 주라."

보초병은 반응하지 않았어요. 주위를 경계하며 자리를 지켰지요. 그때 두리번거리던 준서가 샤바샤바를 향해 성난 황소처럼 질주했어요. 현우와 수지도 그 뒤를 따랐지요.

달려오는 아이들의 기세에 보초병이 두 팔을 벌려 가로막았어요.

"애들아, 잠깐!"

아이들을 멈춰 세우고는 고개를 돌려 샤바샤바에게 말했어요.

"그만 친구 모자 돌려주고 집에 돌아가. 이러다 큰 싸움 나겠다."

"에이, 그건 안 되지. 그 망할 놈의 고양이만 아니었으면 샤바샤바를 새겨……."

샤바샤바는 아차, 하고 입을 다물었지만, 현우는 바로 알아챘어요. 추측했던 대로 샤바샤바가 여기 온 목적은 광개토 대왕릉비에 샤바샤바를 새겨 넣는 거였어요. 묘묘가 아니었으면 정말 큰일 날 뻔했던 거지요.

"도둑도 보통 도둑이 아니에요. 광개토 대왕릉비에 샤바샤바를 새겨 넣으려 했어요."

현우 말에 보초병이 정신이 번쩍 든 듯 샤바샤바를 날카롭게 노려보았어요. 샤바샤바는 품에서 깃발 하나를 꺼내 흔들었어요.

"에이, 샤바샤바가 아니라 근초고왕이야. 근초고왕이 우리 샤바샤바 왕국의 영토를 가장 크게 넓혔거든."

"근초고왕?"

"너, 지금 백제의 근초고왕을 말한 거니?"

보초병의 말에 샤바샤바는 1초의 망설임도 없이 말을 바꿨어요.

"아니, 나는 근처고왕을 말한 건데."

그러고는 광개토 대왕릉비를 가리키며 말했어요.

"이 비를 세운 왕이 근처고왕이잖아. '근처 고구려 왕'을 줄여서 근처고왕! 에이, 고구려군이 그것도 모르다니, 시시하다, 시시해."

샤바샤바는 작정한 듯 보초병에게 거짓말을 줄줄이 늘어놓았어요.

근초고왕과 백제

삼국 중 가장 먼저 전성기를 맞이한 나라는 백제예요. 한강 유역에 자리를 잡은 백제는 4세기 후반 근초고왕이 다스리면서 전성기를 이루었어요. 근초고왕은 나라를 안정시키고, 중국의 문물을 받아들여 문화를 발전시키고 일본과도 교류했어요.

4세기 백제

그때 보초병이 새소리를 냈어요.

"후루루루우후우우이~"

그러자 신기한 일이 일어났어요. 두더지가 땅 밖으로 고개를 내밀듯 고구려 병사 몇 명이 툭툭 튀어나온 거예요. 현우는 새소리가 신호였다는 걸 눈치챘어요. 보초병이 근처에 잠복하던 병사들을 부른 거지요. 병사들은 날쌘 야생마 같았어요. 눈 깜짝할 사이에 샤바샤바를 제압해 버렸지요.

"너, 정체가 뭐야?"

보초병이 다그치자 샤바샤바는 우물쭈물하며 몸을 비틀었어요.

"나, 나는……."

"이거 안 되겠군."

보초병 말이 떨어지기가 무섭게 병사들이 샤바샤바의 두 손을 잡아 묶었어요.

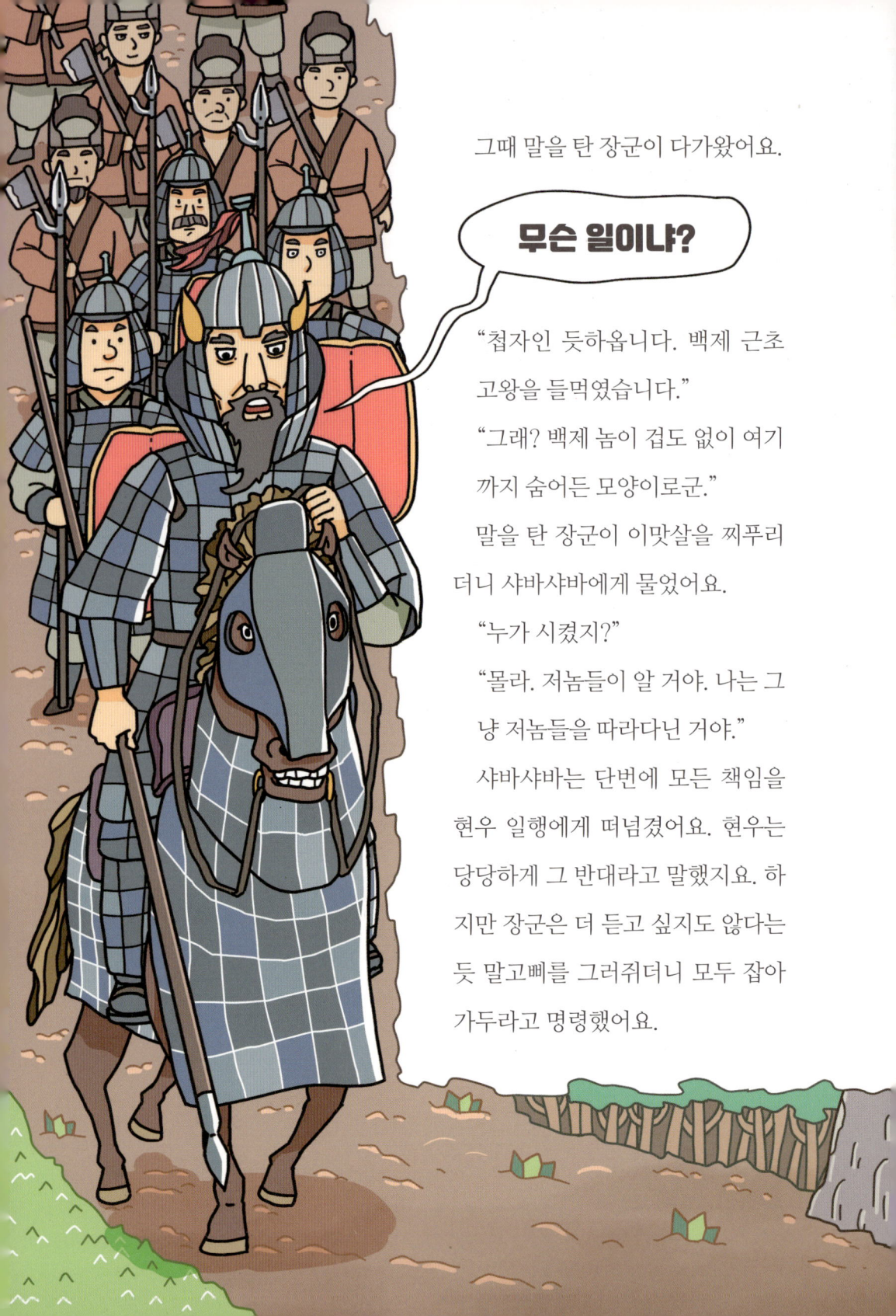

그때 말을 탄 장군이 다가왔어요.

무슨 일이냐?

"첩자인 듯하옵니다. 백제 근초고왕을 들먹였습니다."
"그래? 백제 놈이 겁도 없이 여기까지 숨어든 모양이로군."
말을 탄 장군이 이맛살을 찌푸리더니 샤바샤바에게 물었어요.
"누가 시켰지?"
"몰라. 저놈들이 알 거야. 나는 그냥 저놈들을 따라다닌 거야."
샤바샤바는 단번에 모든 책임을 현우 일행에게 떠넘겼어요. 현우는 당당하게 그 반대라고 말했지요. 하지만 장군은 더 듣고 싶지도 않다는 듯 말고삐를 그러쥐더니 모두 잡아 가두라고 명령했어요.

"들어가!"

병사들은 샤바샤바와 현우 일행을 작은 움막에 몰아넣고 가둬 버렸어요. 현우는 긴 한숨을 쉬며 벽에 등을 기대앉았지요. 준서와 수지도 현우 옆에 앉았어요. 밖에서는 병사들이 활과 칼을 차고 움막을 지켰어요.

진흥왕과 신라의 전성기

고구려, 백제, 신라 삼국 중 가장 늦게 발전한 나라는 신라예요. 신라는 6세기 중반 진흥왕 때에 크게 발전해 전성기를 맞이했어요. 진흥왕은 백제와 손잡고 고구려를 물리치고 한강 상류 지역을 차지했어요. 그 뒤 백제를 공격해 한강 유역을 모두 차지했지요. 동쪽으로는 울릉도와 함흥평야까지 차지했고, 남쪽으로는 대가야도 정복했어요. 진흥왕은 정복한 땅에 네 개의 순수비를 세우고, 단양 신라 적성비를 세웠어요.

신라는 한강을 통해 중국과 직접 교류를 했고, 문화와 예술도 크게 발전했어요. 신라를 강한 나라로 만들기 위해 진흥왕은 화랑 제도를 정비하기도 했어요.

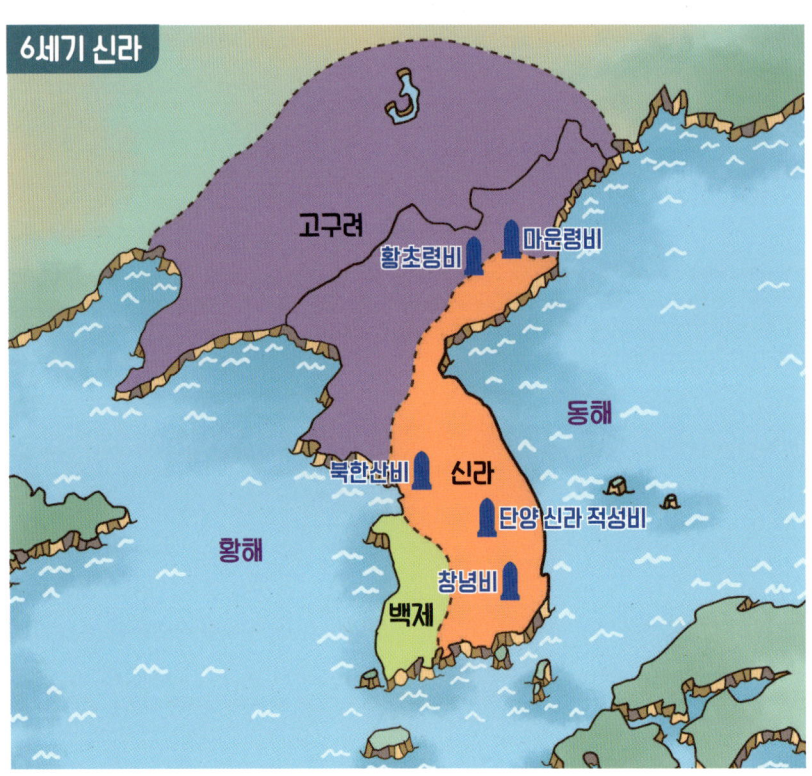

불교의 발전

삼국 시대에 사람들은 태양, 달, 산, 바다와 같은 자연에 신이 있다고 믿었어요. 불교가 처음 전래된 건 삼국 시대예요. 중국에서 전래된 불교는 왕권을 강화시키고 백성들의 마음을 하나로 모으기 위해 왕실에서 적극적으로 받아들이고 발전시켰어요.

삼국은 나라 곳곳에 절과 탑을 세우고 불상을 만들었죠. 황룡사나 불국사는 신라에서 가장 큰 절이에요. 연가칠년명 금동불입상이나 금동미륵보살 반가사유상 같은 불상은 삼국의 대표 작품입니다.

금동미륵보살 반가사유상

백제의 불교문화를 보여 주는
서산 용현리 마애여래삼존상

1장 고깔모자가 사라졌어요!

인생 역전의 기회

삼국 시대 사람들은 어떻게 살았을까?

"아구구구구. 아이고, 배야."

갑자기 샤바샤바가 배를 움켜쥐고 데굴데굴 굴렀어요. 모두가 샤바샤바를 봤어요. 샤바샤바는 거의 숨이 넘어가는 것 같았어요.

"으악, 나 죽네. 으윽."

샤바샤바는 몸을 공처럼 웅크리고 움막 안을 데구루루 구르며 신음했어요. 움막을 지키던 병사들이 눈짓을 주고받으며 샤바샤바에게 달려왔어요.

"왜 그래?"

병사들은 걱정스러운 표정으로 샤바샤바를 향해 손을 뻗었어요.

"얼굴 좀 보자. 어디가 아픈 거야?"

샤바샤바는 무릎 사이에 고개를 박은 채 손가락만 까딱까딱했어요. 병사들이 가까이 다가갔지요.

"내가 인생 역전 기회 줄게. 나 좀 풀어 주라."

샤바샤바는 고개를 살짝 옆으로 돌려 은근히 병사들을 꾀었어요. 얼굴이 말짱하고 전혀 아파 보이지 않았어요. 병사들은 눈살을 찌푸리며 '뭐야?' 하는 표정이었지요. 샤바샤바가 고개를 들고 엄지와 검지로 고깔모자를 톡톡 튕기며 말했어요.

"이 모자 쓰고 샤바샤바 왕국 가면 귀족으로 살 수 있어. 여기서 고생하지 말고 같이 가자. 응? 내가 귀족 만들어 줄게."

병사들은 고개를 절레절레 흔들며 제자리로 돌아갔어요. 하지만 샤바샤바는 포기하지 않았어요. 고깔모자를 벗어 들고 꼭대기를 가리키며 말했지요.

"나야 귀족이니까 이렇게 멋지게 살지만, 너희 같은 천민은 평생 일만 하다 죽는 거야. 알아?"

귀족과 평민, 천민의 삶

삼국 시대에는 귀족, 평민, 천민으로 신분을 나누었어요. 신분은 혈통으로 이어졌기 때문에 부모의 신분이 곧 자식의 신분이 되었어요. 귀족은 천민과 농민에게 농사짓게 하고, 곡식을 가져가 재산을 불렸어요. 평민은 세금을 내고, 전투에 동원되었어요. 최하층인 천민은 주인의 명령에 따라야 하고, 자유롭지 못했어요.

현우는 가로막힌 칸막이를 흔드는 준서와 수지 손을 꼭 붙잡았어요. 여기 잡혀 올 때부터 무턱대고 덤비기만 해서는 안 된다는 걸 몸으로 느꼈거든요. 게다가 샤바샤바는 우주 최강으로 거짓말을 잘했어요. 어찌나 잘하는지 병사들도 깜빡 속아 넘어갔지요. 그러니까 아무리 애써도 거짓말이나 속임수로는 샤바샤바를 이길 수 없었어요. 스스로 제 거짓말에 속아 넘어가게 한다면 모를까. 현우는 준서와 수지에게 가만히 속삭였어요.

"조금만 기다려."

샤바샤바는 다시 고깔모자를 쓰고 쉴 새 없이 떠들었어요.
"헤이, 병사. 우두커니 서 있지 말고 내 말 들어. 귀족이라니까."
어떤 말을 해도 병사들은 꿈쩍하지 않았어요.
"쯧쯧, 말로는 안 되겠군."
샤바샤바는 주머니에서 펜 낚싯대를 꺼내 쭉 잡아 뺐어요. 그리고는 병사 모자를 척 낚았지요.
"월척이다!"

병사가 칼집에서 칼을 샥 빼 들고 소리쳤어요.

"용서하지 않겠다!"

"히히 그거 좋군."

샤바샤바는 병사의 모자를 매단 채 낚싯대를 이리저리 조종했어요. 모자는 병사의 코앞을 지나 공중을 날았어요. 땅에 툭 떨어졌다가 휙 날아가고, 다시 돌아와 병사의 머리 위에서 뱅뱅 원을 그렸어요. 병사는 모자를 향해 칼을 쉭, 쉭, 휘둘렀지만 역부족이었어요. 샤바샤바는 낚싯대를 조종하며 의기양양했지요.

"흐흐, 재밌다! 이게 바로 귀족의 힘이지."

그때 묘묘가 쌩~ 몸을 날려 모자를 낚아챘어요. 샤바샤바는 분한 듯 몸을 부르르 떨었어요.

"또, 또 저놈이!"

묘묘는 낚아챈 모자를 병사 앞에 떨어뜨리고는 수지를 향해 잽싸게 달렸지요. 샤바샤바는 묘묘를 향해 낚싯대를 마구 휘둘렀어요.

묘묘는 낚싯대를 피해 나무 벽을 기어오르며 한 번 더 울었어요. 이아옹~ 샤바샤바는 얼굴이 하얗게 질려 울부짖었어요.

"으윽, 제발……."

말을 잇지 못한 채 낚싯대를 툭 떨어뜨렸어요. 그러고는 무릎 사이에 얼굴을 묻더니 품속에서 풍선을 꺼냈어요.

풍선이 점점 커졌어요. 주먹만 했다가 머리만큼 커지더니 어느새 움막 안을 가득 채울 만큼 커졌어요. 병사들은 눈을 크게 뜨고 움막을 살폈지요. 바람에 나뭇가지가 흔들리듯 움막이 흔들렸어요. 병사들은 걱정스러운 표정으로 서로를 보았어요.

"어, 어…."

현우는 칸막이를 움켜잡고 샤바샤바를 향해 소리쳤어요.

"그만, 그만, 멈춰요!"

수지와 준서도 한목소리를 냈지요. 그러나 샤바샤바는 아랑곳하지 않고 더 세게 풍선을 불었어요. 움막은 점점 더 세게 흔들렸어요. 마치 강도 높은 지진이 난 것 같았지요.

 펑! 마침내 풍선이 터지고 움막이 날아갔어요. 뿌연 먼지구름이 주변을 뒤덮었지요. 그 사이를 뚫고 샤바샤바가 도망쳤어요.
 "안 돼."
 현우가 먼지구름 속으로 몸을 날렸어요. 수지와 준서도 그 뒤를 따랐지요.

헉, 헉, 아이들은 돌을 쌓아 만든 무덤 앞에서 달리기를 멈추었어요. 그때 무덤 위에서 "야아호!" 소리가 울려 퍼졌어요. 현우는 불에 덴 듯 고개를 번쩍 쳐들었어요. 무덤 꼭대기에 샤바샤바가 서 있었어요. 샤바샤바는 높은 산에라도 오른 듯 두 손을 입에 대고 목청껏 "야아~호오!"를 외쳤어요.

죽은 자의 집, 고분

고구려 초기에는 사람이 죽으면 땅에 묻고 그 위에 돌을 쌓았어요. 이런 무덤을 돌무지무덤이라고 해요. 이후 돌로 방을 만들고 그 위를 흙으로 덮어서 굴식 돌방무덤을 만들었어요. 무덤에는 벽과 천장에 벽화를 그려 넣었는데, 당시 생활을 알 수 있는 그림이에요.

"야아아~" 메아리가 채 울려 퍼지기도 전이었어요. 무덤을 뚫고 나온 듯 하얀 할아버지가 불쑥 나타나더니 샤바샤바 입을 틀어막았어요. 머리카락과 수염은 물론이고 옷도 하얬어요. 샤바샤바는 물론이고 아이들도 얼음이 된 듯 멈춰 섰어요.

할아버지는 샤바샤바를 번쩍 들어 소리 없이 어깨에 척 들쳐 맸어요. 그러고는 귀신처럼 발소리도 내지 않고 무덤을 내려갔어요. 묘묘도 놀란 듯 꼼짝하지 못했어요. 현우도 엄청나게 무서웠어요. 하지만 벌벌 떨고만 있을 수 없었어요. 귀신이든 아니든 집으로 돌아가려면 샤바샤바를 따라가야 했지요. 할아버지는 소리 없이 멀어졌어요. 수풀 사이사이로 얼핏얼핏 흰 옷자락이 보일 뿐이었지요. 머뭇거릴 시간이 없었어요. 현우는 준서와 수지 손을 꼭 잡고 할아버지 뒤를 밟았어요.

신분 제도의 확립

삼국은 점점 큰 나라로 발전해 가면서 신분이 생겼어요. 귀족, 평민, 천민으로 나뉘었고, 왕과 귀족은 권력을 유지하기 위해 신분 제도를 율령으로 확립했지요. 귀족 사이에도 높고 낮음이 생겼고, 골품제라고 하는 별도의 신분 제도를 만들었어요. 이렇게 점점 신분 제도가 확립되었어요.

삼국 시대 사람들의 생활

삼국 시대 고분에 남겨진 벽화를 통해 당시의 사람들이 어떤 집에서 어떤 옷을 입고 살았는지 알 수 있어요. 대부분의 사람들은 나무와 흙으로 만든 초가집에서 삼베나 칡의 섬유로 짠 갈포로 만든 옷을 입었어요. 귀족은 큰 기와집에서 살았는데, 비단이나 풀솜을 넣어 만든 옷을 입었어요.

고구려 때의 무덤인 무용총

옥우도

우차도

삼국의 고분

고구려는 초기에 돌무지무덤을 만들었어요. 백제도 초기에는 고구려와 비슷하게 돌을 쌓아 만드는 돌무지무덤을 만들었지요. 삼국은 각자의 문화를 발전시켜 나갔고, 고분의 모양도 조금씩 달라지게 되었어요. 고구려는 굴식 돌방무덤을 만들었고, 백제의 무덤은 굴식 돌방무덤이나 벽돌무덤으로 바뀌었어요. 백제 무령왕릉은 내부에 벽돌을 쌓아 만든 벽돌무덤의 형태예요. 신라는 돌이 아닌 나무로 방을 만들고 그 위에 돌을 쌓고 흙으로 덮는 돌무지덧널무덤을 만들었어요. 신라의 무덤에서는 금관이나 장신구 같은 껴묻거리가 많이 출토되었어요.

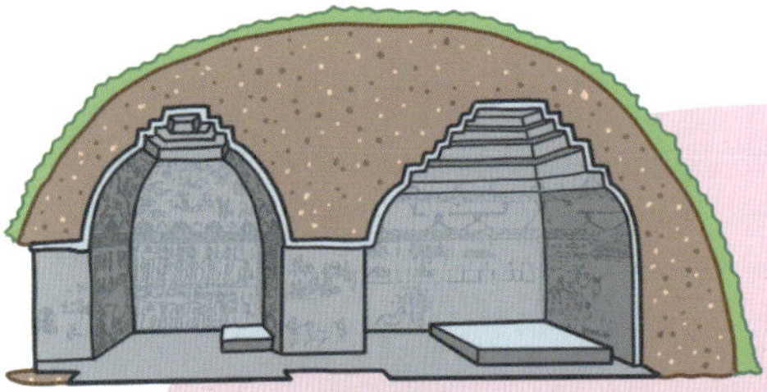

돌무지무덤

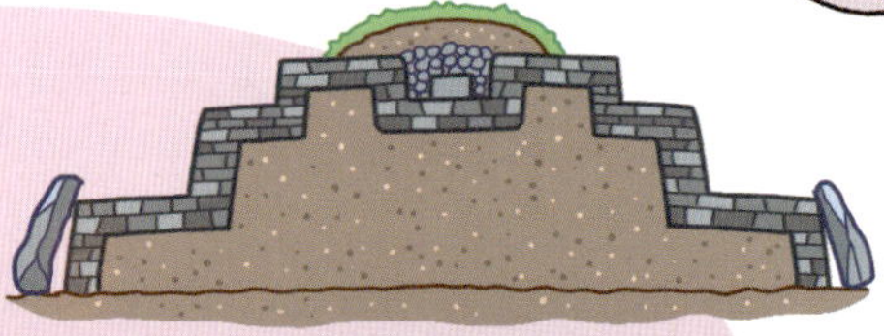

굴식 돌방무덤

벽돌무덤

돌무지덧널무덤

1장 고깔모자가 사라졌어요!

할아버지는 샤바샤바를 들쳐 맨 채 작은 집으로 들어갔어요. 현우와 아이들은 문 앞에서 멈춰 섰지요. 쿵! 소리와 함께 방 안에서 샤바샤바 목소리가 흘러나왔어요.

"너, 왜 이래. 나 알아?"

할아버지가 엄한 목소리로 꾸짖었어요.

"건방진 놈. 너 무덤 위에서 고구려 병사들에게 들켰으면 벌써 죽었어."

"에이, 뭔 소리야. 나는 그렇게 쉽게 안 죽어. 그것 때문이라면 비켜. 나 바쁘니까."

"안 돼. 까딱 잘못하면 나까지 위험해져."

할아버지가 문 앞을 가로막았어요.

방 안이 소란스러웠어요. 덜컹덜컹 방문이 흔들리고, 텅, 텅, 뭔가가 벽에 부딪혔어요. 할아버지가 도망치려는 샤바샤바와 몸싸움을 벌이는 것 같았어요.

"이놈, 안되겠군."

큰소리가 나더니 샤바샤바가 싹싹 비는 소리가 들렸어요.

"자, 자, 잘못했어. 가, 가, 가만히 있을게."

현우는 절로 입꼬리가 올라갔어요. 할아버지가 어떻게 했는지는 몰라도 샤바샤바가 절절매는 것만은 분명했어요.

할아버지가 방문을 벌컥 열고 나왔어요. 현우와 아이들은 그만 뒤로 벌렁 넘어졌지요.

현우가 벌떡 일어나 인사했어요.

"저는 현우고, 얘는 제 동생 수지, 쟤는 준서예요."

준서가 방을 가리키며 말했어요.

"제 모자를 훔쳐 간 도둑을 잡으러 왔어요."

할아버지는 눈을 들어 매섭게 사방을 살폈어요. 고구려 병사를 경계하는 것 같았지요. 하지만 숲은 조용하고 평화로웠어요. 이따금 새소리만 들릴 뿐이었지요.

그때 현우가 나뭇가지 사이를 가리켰어요.

"어, 저건 무슨 새지?"

모두의 눈이 나뭇가지 사이로 쏠렸어요.

현우는 궁금한 마음에 스마트워치를 작동시켰어요. 찰칵! 스마트워치를 보는 현우의 눈이 점점 커졌어요.

"가야의 새 모양 토기?"

수지가 믿을 수 없다는 듯 되물었어요.

"가야? 알에서 나온 김수로가 세웠다는…, 그 가야?"

현우는 고개를 크게 끄덕이며 스마트워치를 보여 줬어요.

가야 연맹

낙동강 하류에 작은 나라들이 모여 만든 연맹 왕국이에요. 고구려, 백제, 신라는 왕을 중심으로 발전했지만, 가야는 여섯 개의 작은 나라로 나뉘어 있었어요. 가야는 발전된 철기 문화로 다른 나라의 발전에 영향을 주었어요.

"너희가 가야를 어떻게 알지?"

할아버지는 깜짝 놀란 듯 말까지 더 듬었어요. 뭔가 불안해 보였지요.

현우는 안심하라는 듯 대답했어요.

"우리나라니까 알죠. 저는 김해도 가 보고 낙동강도 가 봤어요!"

"저도요. 금관가야 휴게소에서 김밥……."

수지 말이 채 끝나기도 전이었어요.

"금관가야……."

할아버지가 말을 잇지 못하고 크형 울음을 터뜨렸어요. 아이들은 어쩔 줄 몰랐지요.

금관가야와 철기 문화

금관가야는 철을 만들 수 있는 철광석이 풍부한 김해 지역에 자리 잡았어요. 그래서 철기 문화가 크게 발달했지요. 좋은 철로 농기구와 무기를 제작했고, 철기를 만드는 기술도 뛰어났어요.

잠시 후 코를 팽 푼 할아버지가 비밀을 털어놓았어요.

"나는 금관가야 사람이야. 김해에서 대장장이로 일하다가 고구려 군에게 붙잡혀 여기로 끌려왔어."

아이들은 고개를 끄덕이며 주변을 살폈어요. 그러자 할아버지가 만든 물건들이 하나하나 눈에 들어왔지요. 집 주변이 마치 작품 전시장 같았어요.

샤바샤바가 방문을 쾅쾅 두드렸어요. 할아버지가 눈살을 찌푸리며 문 앞으로 다가갔어요. 그 순간 퍽, 소리와 함께 방문이 뚫렸어요. 그 구멍으로 샤바샤바가 얼굴을 드러냈지요. 그런데 머리에 고깔모자가 아닌 철모를 쓰고 있었어요.

할아버지가 주먹을 불끈 쳐들었어요.

"그 모자 벗지 못할까?"

하지만 샤바샤바는 눈 한 번 깜짝하지 않았어요.

"내가 왜? 딱 좋은데!"

그리고는 방문을 부술 듯이 흔들었어요. 덜컹덜컹.

할아버지는 샤바샤바 힘이 앞으로 쏠리는 순간을 기다렸다가 방문을 확 열어젖혔어요.

"으악."

샤바샤바는 그대로 고꾸라졌어요. 할아버지는 단번에 샤바샤바의 손을 쳐내고 모자를 빼앗았어요. 철모가 벗겨진 샤바샤바는 두 손으로 머리를 움켜쥐고 달아났어요. 준서는 고깔모자 끝을 붙잡았다가 놓쳤어요.

"거기 서! 샤바샤바!"

수지는 감동한 듯 말했어요.

"가야는 정말 철기 문화가 발달했군요."

현우가 고개를 끄덕였어요.

"맞아. 일본에까지 전해졌지. 고구려, 백제, 신라의 삼국 문화는 말할 것도 없고, 가야의 발전된 철기 문화가 일본에 전해졌어."

삼국과 가야 문화의 일본 전파

- 고구려: 불교, 회화, 종이, 붓, 먹
- 신라: 조선술, 축제술
- 백제: 유학, 불교, 회화, 천문, 역법
- 가야: 토기 제작 기술

그때 샤바샤바를 찾아다니던 준서가 할아버지를 불렀어요.

"할아버지, 저기 솔방울 할아버지가 모은 거예요?"

소나무 옆에 작은 무덤만 한 솔방울 무더기가 있었어요. 할아버지 눈이 커졌지요.

"아니, 웬 솔방울이지?"

현우와 수지가 동시에 외쳤어요.

"샤바샤바다!"

묘묘도 뭔가를 느낀 듯 솔방울 무더기를 향해 달렸어요.

솔방울 무더기는 물이 막 끓기 시작할 때처럼 뽈록뽈록 움직였어요. 아이들은 점점 더 가까이 다가갔지요. 그러자 솔방울이 날아왔어요. "이아옹~" 묘묘가 솔방울에 머리를 맞고 울부짖었어요. 현우와 수지는 닥치는 대로 솔방울을 주워 던졌지요.

할아버지는 소나무 뒤로 살금살금 다가갔어요. 소나무 뒤에 '수레바퀴 모양 토기'가 있었거든요. 아니나 다를까, 솔방울 무더기에서 손이 쑥 나왔어요. 그러더니 더듬더듬 수레바퀴 모양 토기 쪽으로 손을 뻗었어요.

곧 화산이 폭발하듯 솔방울 무더기 속에서 샤바샤바가 튀어나왔어요. 할아버지는 얼결에 샤바샤바 손을 놓쳤지요. 샤바샤바는 그 순간을 놓치지 않고 잽싸게 수레바퀴 모양 토기를 손에 넣었어요. 그때 묘묘가 비호처럼 몸을 날려 샤바샤바 손 위에 내려앉았어요. "이아옹!" 샤바샤바는 질겁하며 토기를 떨어뜨렸어요. 아이들은 샤바샤바를 에워싸고 동시에 고깔모자를 향해 손을 뻗었어요. "으윽!" 샤바샤바는 폴짝폴짝 뛰다가 독버섯 버클을 아래로 내렸어요. 아이들은 또다시 어딘가로 쑥 빨려 들어갔지요.

"아악!"

"이아옹."

아이들은 샤바샤바와 묘묘가 동시에 내지르는 비명을 들으며 눈을 떴어요. 샤바샤바는 거의 제정신이 아니었어요. 고깔모자가 벗겨진 줄도 모르고, "고양이 싫어, 싫어, 싫어, 싫어……."를 끊임없이 뇌까리며 놀이터 언덕을 데굴데굴 굴러 내려갔어요.

묘묘는 사뿐사뿐 걸어서 놀이터 언덕 꼭대기에 앉았어요. 그러고는 쌤통이다는 표정으로 샤바샤바를 내려다봤지요. 샤바샤바는 묘묘의 눈치를 살피며 기다시피 사라졌어요.

고깔모자를 되찾은 준서는 좋아서 어쩔 줄 몰랐어요.
"야호, 찾았다!"
현우와 수지는 하이 파이브를 날렸어요.
"오예, 우리가 해낸 거 맞지?"
셋은 어깨동무를 하고 폴짝폴짝 뛰었어요. 하하하, 아하하하, 우하하하, 아이들의 웃음소리가 마을을 뒤덮었지요.

금관가야의 김수로

김해에는 아홉 개의 부족이 살았어요. 그런데 어느 날 하늘에서 왕을 만나고 싶다면 '구지가'를 부르며 춤을 추라고 했어요. 사람들은 "거북아, 거북아, 머리를 내놓아라. 만약에 내놓지 않으면 구워서 먹으리."하고 노래를 불렀어요. 하늘에서 여섯 개의 황금알이 들어 있는 상자가 내려왔고, 알에서 가장 먼저 나온 사람이 김수로예요. 김수로는 금관가야의 왕이 되었고, 나머지 형제들도 각각 다른 다섯 나라의 왕이 되었지요.

김수로는 황금 상자에서 나왔다고 해서 '김(金)'씨 성을 갖게 되었고, '김(金)'씨의 시조가 되었어요.

수로왕릉

신라와 백제, 그리고 가야

금관가야를 중심으로 성장한 가야 연맹은 5세기 후반 이후에는 대가야를 중심으로 발전했어요. 가야 연맹은 낙동강 하루에 자리 잡고 있었기 때문에 벼농사가 발달하고, 철기 문화도 발전한 곳이었어요.

가야의 양 옆에는 백제와 신라가 있었어요. 6세기 이후 신라가 크게 성장하면서 가야는 백제와 신라 사이에서 점점 세력이 약해졌어요. 결국 신라 진흥왕 때 가야는 사라지게 되었지요. 하지만 가야의 문화는 신라와 왜에 전해져 신라와 왜의 문화에 영향을 주었어요.

일본에 전한 문화

처음에 일본은 지리적으로 가까운 가야로부터 많은 영향을 받았어요. 가야의 철기 문화와 함께 토기 제작 기술 등이 전해졌지요. 이후 백제 학자인 아직기와 왕인이 일본에 건너가 《천자문》과 《논어》를 가르쳤고, 불교와 회화를 전했어요. 일본 호류사의 금당 벽화는 고구려 승려 담징이 건너가 그린 것이라고 전해져요. 담징은 일본에 종이와 먹을 만드는 법도 알려 주었어요. 신라는 배와 도자기, 제방을 쌓는 기술을 전해 주었지요. 삼국과 가야의 문화는 일본에 전해져 '아스카 문화'를 꽃피웠습니다.

가야의 수레바퀴 모양 토기

2장 버블건의 주인을 찾아 주세요!

오늘도 분실물 신고 센터는 현우와 수지가 지켰어요. 아빠 문 소장이 급한 일로 출장을 나갔거든요.

"다녀오마!"

아빠를 배웅한 현우는 책상 의자에 앉아 이마를 톡톡 두드렸어요.

"나타날 때가 된 것 같은데!"

수지가 현우 마음을 읽은 듯 되물었어요.

"샤바샤바 말이지?"

그때 어떤 할머니가 출입문을 열고 들어왔어요.

"여기가 분실물 신고 센터지? 잃어버린 물건도 찾아 준다고?"

현우와 수지는 동시에 자리에서 일어났어요.

"네, 맞아요."

할머니는 손에 들고 있던 버블건을 내밀었어요.

"저 건너 길가에서 주웠는데 주인을 찾아 주겠니?"

"그럼요!"

현우는 버블건을 받아들었어요.

"꼭 찾아 줄게요. 걱정하지 마세요, 할머니."

현우와 수지는 곧바로 '버블건의 주인을 찾는다'는 전단을 만들기 시작했어요.

묘묘는 바깥바람이 좋은지 신이 나서 뛰어다녔어요. 현우와 수지는 곳곳에 전단을 붙였어요. 분실물 신고 센터 주변은 물론이고, 아이들이 비눗방울을 쏘면서 놀 만한 공원과 놀이터를 찾아다녔지요. 아이들은 버블건에 많은 관심을 보였어요. 전단을 붙이는 곳마다 다가와서 이러쿵저러쿵 떠들었지요.

"얘들아, 혹시 버블건 찾는 애 보면 분실물 신고 센터로 연락하라고 전해 줘."

현우와 수지는 관심을 보인 아이들에게 특별히 부탁하고 곧바로 돌아왔지요.

버블건이 사라진 것을 안 성호는 엄청나게 큰 소리로 울음을 터뜨렸어요. "으앙!" 엄마는 성호를 달래느라 정신이 없었어요. 현우는 할 말을 잃었어요. 분실물 신고 센터에서 결코 일어나서는 안 되는 사고가 일어난 거예요. 돌려줄 물건을 잃어버린 거지요. 지금까지 이런 일은 한 번도 없었어요. 아빠 문 소장은 접수된 물건을 매우 소중히 여겼어요. 현우는 일단 사과부터 했어요.

"죄송해요. 우리 분실물 신고 센터의 명예를 걸고 반드시 찾아드릴게요. 시간을 좀 주세요."

수지는 성호와 손가락을 걸고 약속했어요.

"성호야, 누나가 꼭 찾아 줄게. 약속해."

엄마는 흐느끼는 성호를 안고 분실물 신고 센터를 나섰어요.

하지만 어디에도 버블건은 없었어요.

"도둑맞은 걸까?"

수지 말에 현우는 고개를 끄덕였어요.

"그런 것 같아."

둘은 서로를 보며 샤바샤바를 떠올렸지만 말하지 않았어요. 근거도 없이 남을 함부로 의심해선 안 되니까요. 그 대신 도둑을 꼭 잡자고 굳게 약속했지요.

아빠 문 소장이 출장에서 돌아오자마자, 현우와 수지는 버블건을 찾아 나섰어요. 딱히 정해진 곳은 없었지만, 아이들이 노는 데로 부지런히 발길을 옮겼지요. 그때 어디선가 노랫소리가 들렸어요.

멀리 연못가에서 비눗방울이 몽글몽글 피어올랐어요. 샤바샤바는 큰소리로 노래를 불렀어요.

"을지문덕 살수 대첩 아냐, 아냐.

샤바샤바 살수 대첩 맞아, 맞아."

아이들은 샤바샤바의 노래를 따라 불렀어요. 그러면 샤바샤바는 "더 크게!"를 외치며 버블건을 들어 아이들에게 퐁퐁퐁퐁퐁…, 비눗방울을 쐈어요. 아이들은 목소리를 높이며 정신없이 비눗방울을 쫓아다녔지요.

예상했던 대로 도둑은 샤바샤바였어요. 샤바샤바는 훔친 버블건을 이용하여 아이들에게 거짓 노래를 가르쳤어요. '고구려의 을지문덕이 수나라를 물리쳤던 살수 대첩'을 '샤바샤바의 살수 대첩'으로 뒤바꾼 노래였지요.

현우는 정말이지 화가 부글부글 끓어올랐어요. 버블건을 훔쳐 간 것만으로도 기가 막히는데 고구려 역사를 샤바샤바 역사로 바꾸고, 노래까지 만들어 부른 것은 참을 수 없었지요.

현우와 수지는 무서운 기세로 샤바샤바에게 돌진했어요. 아이들은 영문도 모른 채 길을 비켰지요. 노랫소리는 점점 더 작아졌어요. 샤바샤바는 "더 크⋯, 게⋯."를 외치려다 현우를 보고 몸을 낮추더니 정자 밑으로 기어서 들어갔어요.

샤바샤바는 정자 마루 밑에 납작 엎드린 채 말했어요.

"너희 같은 조무래기들한테 질 수 없다. 우리 샤바샤바가 안시성에서 당나라 군대를 물리친 것처럼 나도 끝까지 버티겠다!"

"뭐, 안시성?"

현우가 발을 쾅쾅 구르며 소리쳤어요.

"그깟 거짓말이 통할 것 같아요? 안시성 싸움은 고구려와 당나라의 대결이었어요!"

당을 막아 낸 고구려

수나라 이후 중국을 통일한 당나라도 고구려를 침략해 왔어요. 요동성을 내주고 안시성까지 몰린 고구려는 안시성에서 60여 일간 버텼지요. 안시성의 성주와 백성들은 끝까지 싸웠고, 결국 당나라 군대는 돌아갔습니다.

마루 밑으로 들어간 묘묘가 샤바샤바를 향해 앞발을 드는 순간이었어요. "으윽!" 두 손으로 머리를 감싼 채 생쥐처럼 내달리던 샤바샤바가 풍덩! 연못으로 빠졌어요. 뒤쫓던 묘묘는 연못 앞에서 가까스로 멈춰 섰지요.

현우와 아이들은 우르르 몰려가 연못 속을 들여다봤어요. 하지만 샤바샤바는 어디로 갔는지 보이지 않았어요.

우중문에게 보낸 을지문덕의 시

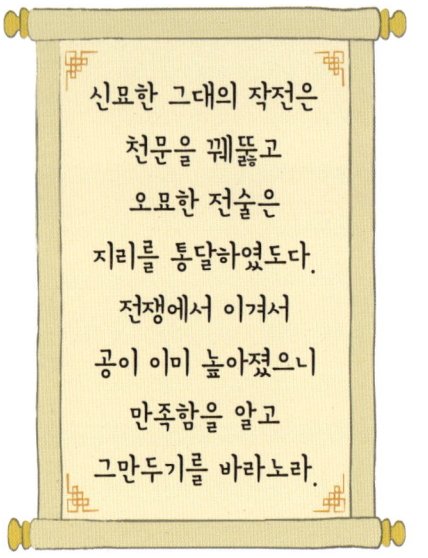

신묘한 그대의 작전은
천문을 꿰뚫고
오묘한 전술은
지리를 통달하였도다.
전쟁에서 이겨서
공이 이미 높아졌으니
만족함을 알고
그만두기를 바라노라.

수나라의 황제인 양제는 많은 군사를 이끌고 고구려를 공격했지만 이기지 못했어요. 그래서 우중문 장군에게 30만 명의 별동대를 주고 고구려의 평양을 직접 공격하도록 했어요.

고구려의 을지문덕은 우중문에게 시를 써서 보냈어요. 을지문덕이 보낸 시는 우중문을 조롱하는 것이었으나, 그 역시 고구려를 함락시킬 방법이 없어 그대로 돌아가게 되었지요. 그리고 돌아가는 길에 살수(지금의 청천강)에서 을지문덕의 고구려군과 싸웠지만 대패하고 말았어요.

을지문덕 동상

한반도의 방파제, 고구려

고구려는 북쪽에 위치해 있어서 국경을 마주하고 있는 중국의 침략을 받을 수 밖에 없었어요. 113만 명이 넘는 수나라의 군대를 막은 고구려는 30만 명이 넘는 별동대까지 살수에서 물리치면서 큰 위기를 넘겼어요. 오히려 수나라가 고구려의 을지문덕이 활약한 살수 대첩 이후에 몰락하게 됐지요.

수나라의 뒤를 이어 중국을 통일한 당나라는 처음에는 고구려와 친선 관계였어요. 하지만 고구려의 연개소문은 당나라를 경계해야 한다고 주장하면서 천리장성을 쌓았지요. 연개소문이 정변을 일으켜 고구려를 차지하자 이를 핑계로 당 태종은 고구려를 침략해 왔어요. 고구려는 안시성에서 끝까지 저항하며 고구려를 지켜 냈습니다.

고구려는 수나라와 당나라의 잇따른 침략에도 나라를 지켜 냈을 뿐만 아니라 신라와 백제를 포함해 우리 민족을 중국의 침략으로부터 막아 낸 거예요.

고구려와 수·당의 전쟁

2장 버블건의 주인을 찾아 주세요!

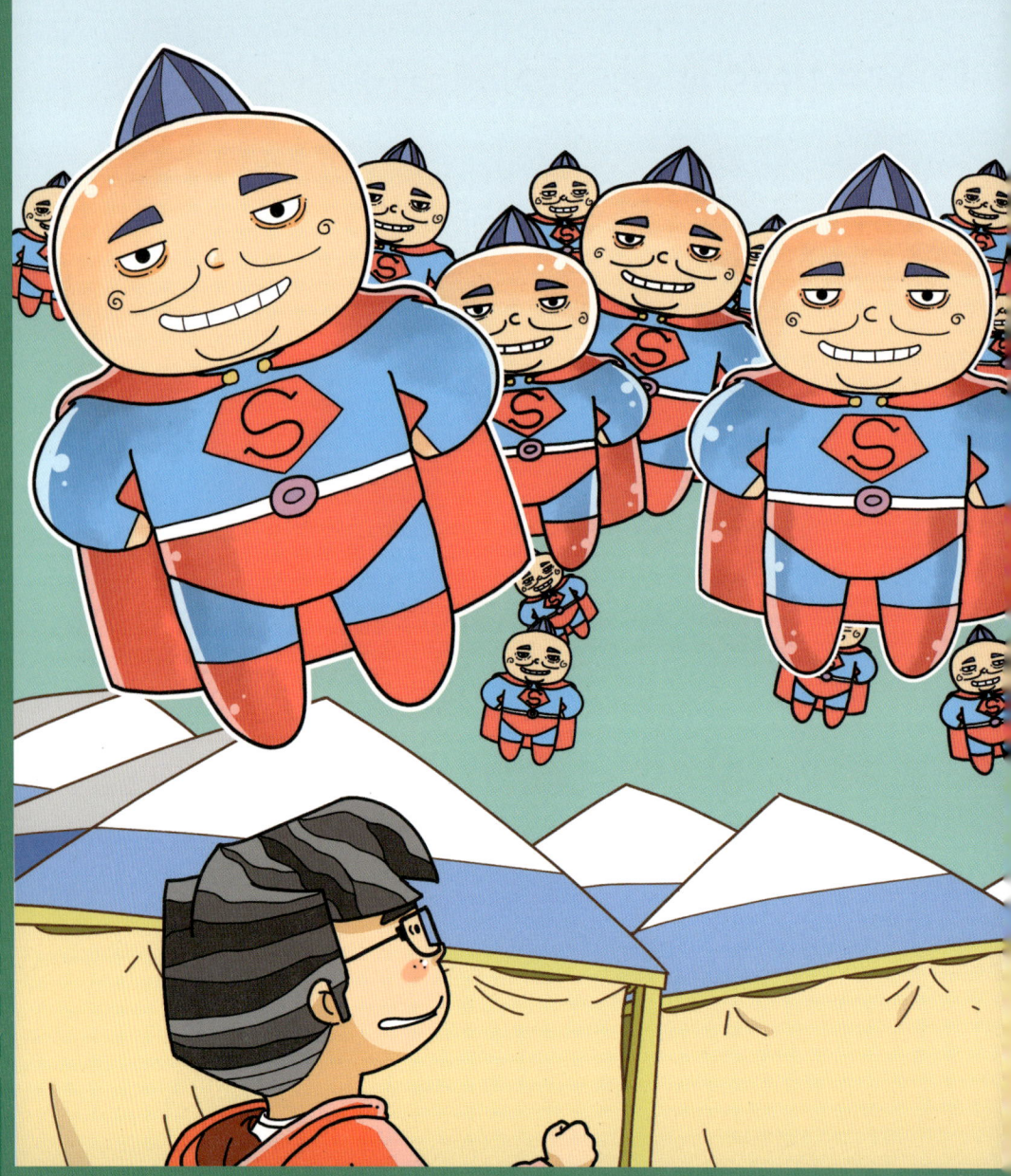

벼룩시장에 간 샤바샤바

신라는 어떻게 삼국을 통일할 수 있었을까?

아이들의 노랫소리가 연못을 뒤덮었지만 샤바샤바는 나오지 않았어요. 어디론가 도망쳐 버린 게 틀림없었지요. 현우와 수지는 다시 샤바샤바를 찾아 나섰어요.

"흥, 또 다른 곳으로 갔단 말이지?"

수지는 걸핏하면 사라지는 샤바샤바에게 넌더리가 났어요. 하지만 잃어버린 버블건을 생각하면 잠시도 머뭇거릴 시간이 없었지요.

"기다려. 지옥이라도 쫓아갈 테니까."

아이들 소리를 따라가다 보니 벼룩시장이 열렸어요. 솜사탕, 떡볶이, 어묵, 뽑기 장수부터 안 쓰는 물건을 가지고 나온 아이들까지 한쪽 길이 북적북적했어요. 큰소리로 "여기요, 여기!"를 외치는 아이도 있고, "쌉니다, 싸요!"를 외치는 아이도 있었어요. 벼룩시장을 돌아다니며 구경하는 아이들도 많았어요. 물건도 많고 사람들도 북적이고, 도둑이 딱 좋아할 만한 곳이었지요.

그때 묘묘가 뭔가를 본 듯 풀쩍 뛰어내렸어요. "니아옹~!" 묘묘가 달려간 곳에는 슈퍼맨 복장을 한 샤바샤바가 허리에 손을 얹고 서 있었어요.

"저기다!"

현우와 수지는 부리나케 달려갔어요.

묘묘는 단번에 샤바샤바의 머리 위로 뛰어올랐어요. 현우와 수지는 거의 동시에 샤바샤바의 양팔을 붙잡았고요.

"잡았다!"

"내놔!"

그러나 둘은 불에 덴 듯 잽싸게 손을 뗐어요. 차갑고 미끌미끌한 감촉이 사람 팔이 아니었거든요.

"이, 이건 푸, 풍선?"

둘은 한 발 뒤로 물러났어요. 풍선 인형은 묘묘의 몸무게를 감당하지 못하고 허리를 꺾었어요. 묘묘는 당황한 듯 얼른 뛰어내렸고요.

"이아옹~!"

　현우는 풍선 인형의 망토를 보고 기절할 듯 놀랐어요. 망토에 '경축 샤바샤바의 삼국 통일'이 박혀 있었거든요.
　"샤바샤바의 삼국 통일? 어떻게 이런 말도 안 되는 소리를……."
　화가 난 현우는 풍선 인형을 샌드백을 치듯 마구 때렸어요.
　"삼국을 통일한 건 신라야. 유치한 장난 그만해."
　풍선 인형은 때리면 때리는 대로 마구 흔들리면서도 오뚝이처럼 일어섰지요.

그때 샤바샤바 목소리가 흘러나왔어요. 묘묘는 총알이 튕겨 나가듯 소리 나는 쪽을 향해 달렸어요. 현우와 수지도 그 뒤를 따랐지요.

그런데 소리가 가까워져도 샤바샤바가 보이지 않았어요. 풍선이 가득 담긴 상자 옆에 슈퍼맨 복장을 한 샤바샤바 풍선 인형이 서 있을 뿐이었지요.

"이런 기회는 다시 없어. 꽝도 없어. 자, 돌려, 돌려. 돌리면 풍선은 공짜……."

그제야 현우는 가판대로 눈을 돌렸어요. 아이들에게 둘러싸인 가판대에는 동그란 돌림판이 있었지요. 엉성하게 그려진 우리나라 지도 위에 암호 같은 말들이 쓰여 있었어요. 돌림판의 글자를 보는 현우의 얼굴이 붉으락푸르락해졌어요.

　야구 모자를 쓴 아이가 돌림판을 빙그르르 돌렸어요. 돌림판은 빙 돌다 덜덜 떨며 '샤당 동맹'에서 멈췄어요. 그 순간, "오오, 샤당 동맹!" 하는 소리가 나더니, 누군가 붙잡고 있던 줄을 놓은 것처럼 상자 속 풍선이 두둥실 날아올랐어요. 아이들은 "와아." 하고 소리치며, 풍선을 잡으려고 펄쩍펄쩍 뛰었어요. 현우와 수지는 동시에 "샤바샤바!"를 외치며 상자 속을 들여다봤어요. 하지만 샤바샤바는 그새 어디론가 사라지고 흔적조차 없었지요.

　페이스 페인팅을 하는 곳이 시끌시끌했어요. 현우와 수지는 쏜살같이 달렸어요. 아니나 다를까, 한 여자아이가 울음을 터뜨리며 양 볼을 두 손으로 가렸어요.

　"으앙, 몰라, 몰라!"

　수지가 다가가 여자아이를 달래며 얼굴을 살폈어요. 놀랍게도 아이 볼에 삐뚤빼뚤한 글씨로 '샤당 동맹'이 써졌어요. 수지가 주먹을 불끈 쥐고 샤바샤바를 찾았어요. 그때 한 아이가 바닥에 떨어진 붓을 주워 들고 말했어요.

"나도 당했어. 근데 샤당 동맹이 뭐야?"

현우가 한숨을 길게 내쉬며 말했어요.

"그런 건 없어. 나쁜 사람이 우리 역사를 훔쳐 가려고 거짓말을 퍼뜨리고 있는 거야."

그러고는 알아듣기 쉽게 옛날 신라가 당나라와 동맹을 맺어 삼국을 통일한 이야기를 들려줬어요. 그 사이 수지는 아이들 볼에 글자를 지우고 예쁜 그림을 그려 줬지요.

당나라와 동맹을 맺은 신라

고구려가 수나라와 당나라의 침략에 맞서고 있을 때 고구려의 남쪽에 있는 백제와 신라는 사이가 좋지 않았어요. 신라는 백제의 공격에 김춘추를 고구려로 보내 도와달라고 했지만 실패했지요. 그래서 신라는 당나라와 동맹을 제안했고, 당은 고구려 침략에 실패하고 신라와 손을 잡았어요.

이번에는 뽑기를 하는 곳에서 울음이 터졌어요. 현우와 수지는 약속이라도 한 듯이 뽑기를 하는 곳으로 달렸어요.

"으앙, 내 거야. 내 거!"

다섯 살쯤 되어 보이는 여자아이가 앞을 가리키며 엉엉 울었어요. 뽑기에 열중하던 아이들이 일제히 고개를 들어 앞을 봤지요. 하지만 도둑은 벌써 사라지고 없었어요.

그때 묘묘가 뭔가를 본 듯 수지의 머리 위에서 풀쩍 뛰어내렸어요. 그 순간, 검은 그림자가 투호 항아리 뒤로 사라졌어요. 묘묘는 곧장 투호 항아리를 향해 무서운 기세로 달렸어요. 그러자 항아리가 발이 달린 듯 왔다 갔다 하다가 킥보드 앞에서 딱 멈췄어요. 화살을 던지려던 아이가 놀라 소리쳤어요.

"아악, 내 킥보드!"

하지만 이미 늦었어요. 샤바샤바는 킥보드를 타고 달렸고, 묘묘는 그 뒤를 맹추격했어요.

"돌려, 돌려, 돌리면 풍선이 공짜……."

돌림판 가판대 앞에 킥보드가 나동그라졌어요. 묘묘는 스프링이 튕기듯 가판대 위로 뛰어올랐어요. 그러고는 눈 깜짝할 사이에 돌림판을 고정하는 가운데 핀을 쏙 뽑았어요. 그러자 "돌려, 돌려……." 시끄럽게 떠들던 소리가 뚝 그쳤어요. 아이들이 놀란 눈으로 묘묘를 봤어요. 묘묘는 앞발을 들어 발톱에 걸린 새끼손가락만 한 스피커를 내밀었어요. 그 순간, 갑자기 가판대가 확 뒤집히며 후다다닥 소리가 났어요. 미처 피하지 못한 묘묘는 그대로 가판대 밑에 납작하게 깔렸고요. 수지는 다급한 목소리로 "묘묘!"를 외쳤어요.

아이들이 힘을 모아 막 가판대를 들어 올릴 때였어요.
"저건 뭐지?"
한 아이가 삐뚤빼뚤 써진 글자를 읽었어요.
"샤당 연합군에 멸망한 고⋯구⋯려?"
그러자 킥보드를 타고 온 아이가 투호 놀이하는 곳을 가리키며 말했어요.
"저런 글씨 아까 저기서도 봤어."
"나는 이런 걸 주웠어."
아이가 내민 종이쪽지에는 '축 샤바샤바 삼국 통일 이벤트: 벼룩시장을 열다!'가 쓰여 있었어요.

현우가 심각한 표정으로 말했어요.

"모두 거짓말이야."

수지가 보란 듯이 매직을 들고, 샤바샤바의 '샤'를 지우고 신라의 '라(나)'를 써넣었어요.

"삼국을 통일한 건 샤바샤바가 아니라 신라니까, 거짓말을 없애고 사실을 써서 제대로 알리는 거야."

현우가 고개를 끄덕이며 삼국 통일 이야기를 꺼냈어요. 샤바샤바에게 깜빡 속을 뻔했던 아이들은 현우 이야기에 쏙 빨려 들었지요.

나당 전쟁과 삼국 통일

신라와 당나라가 손을 잡고 백제와 고구려를 멸망시켰어요. 당나라는 여기에 그치지 않고 신라까지 가지려고 했지요. 신라는 무려 7년에 걸친 전쟁 끝에 당나라를 몰아냈어요. 신라는 대동강 이남 지역에서 삼국 통일을 이뤘어요.

현우와 수지는 아이들과 함께 샤바샤바를 찾아 나섰어요. 샤바샤바는 벼룩시장 곳곳에 말도 안 되는 가짜 역사를 수두룩하게 써 놓았어요. 아이들은 누가 누가 잘 찾나 시합이라도 하듯 가짜 역사가 적힌 물건과 종이쪽지를 찾아냈지요.

그때 누군가 소리쳤어요.

"어어, 움직인다!"

아이가 가리킨 것은 슈퍼맨 복장을 한 샤바샤바 풍선 인형이었어요. 현우와 수지는 당장 풍선 인형에게 달려들었어요.

"하하하, 나를 잡겠다고? 어림없지!"

샤바샤바가 풍선 뒤에 숨어 웃음을 터뜨리자, 묘묘가 슈웅~ 몸을 날렸어요. 쉬익~ 풍선 인형이 바람 빠지는 소리를 내며 쓔우웅~ 공중으로 날아갔어요. 인형에 발톱이 박힌 묘묘도 그대로 공중으로 날아갔지요.

수지는 "묘묘!"를 소리쳐 부르고, 현우와 아이들은 샤바샤바에게 달려들었어요. 빠져나갈 구멍을 찾던 샤바샤바는 "에잇!" 하며 독버섯 버클을 내렸어요. 그 순간 공중에서 묘묘가 툭, 떨어지며 샤바샤바 등에 업혔어요. 현우와 수지는 묘묘 뒷발을 붙잡은 채 또 어딘가로 쑥 빨려 들어갔지요.

백제의 멸망

신라의 김춘추는 당나라의 황제 태종과 손을 잡으며 나당 동맹을 결성했어요. 대동강 남쪽은 신라가, 북쪽은 당나라가 가지기로 약속했죠.

신라의 김유신은 5만 명의 군사를, 당나라는 13만 명의 군사를 이끌고 백제를 공격했어요. 백제의 계백은 5천 명의 군사로 황산벌에서 신라군을 막아 냈지요. 그러자 신라는 화랑 관창을 앞세워 백제를 공격했어요. 나이가 어린 관창을 본 계백은 살려서 돌려보냈지만, 관창은 다시 백제군으로 뛰어들었어요. 결국 계백은 관창을 죽이고 신라군으로 돌려보냈어요. 어린 관창의 용기 있는 죽음은 신라군의 사기를 끌어올렸어요. 그래서 신라군은 계백이 이끄는 백제군을 물리치고, 당나라 군대와 함께 백제를 공격했지요. 660년 백제의 사비성이 함락되면서 백제는 멸망하게 되었어요.

백제의 마지막 왕인 의자왕은 백제 멸망 후 당나라로 끌려갔다가 병사했어요.

계백 장군의 황산벌 전투

고구려의 멸망

660년, 백제가 멸망했다는 소식을 들은 고구려의 연개소문은 곧 당나라와 신라가 고구려를 공격해 올 것이라 생각했어요. 미리 대비하고 있던 고구려는 당나라의 공격에 맞서 싸웠고, 승리했지요. 하지만 얼마 지나지 않아 고구려 역시 백제와 같은 길을 걷게 되었어요.
연개소문이 죽자 그의 세 아들은 권력을 차지하기 위해 다툼을 벌였어요. 형제의 권력을 둘러싼 싸움에 당나라를 끌어들였고, 당나라와 신라가 연합하여 고구려를 공격해 왔어요. 지배층의 권력 다툼과 오랜 전쟁에 지친 백성은 당나라와 신라의 공격을 막을 수가 없었지요. 결국 668년, 나당 연합군의 거센 공격을 버티지 못한 고구려의 보장왕은 항복했고, 고구려는 역사 속으로 사라졌어요.

신라 삼국 통일의 의미와 한계

우리 민족은 신라가 삼국을 통일하면서 처음으로 하나가 되었어요. 고구려, 백제, 신라가 하나가 되어 민족 문화가 발전하는 바탕을 이룬 것이지요. 하지만 이는 신라 혼자 이룬 것이 아니라, 외세인 당나라의 도움으로 이룬 것이기 때문에 그 대가를 치렀어요. 신라는 당나라에 대동강의 북쪽인 고구려 영토 대부분을 내주었어요. 이 때문에 고구려의 영토 대부분을 잃으며 영토가 축소되었어요.

2장 버블건의 주인을 찾아 주세요!

3 별 볼 일 없는 발해?

고구려를 계승한 발해는 어떻게 등장했을까?

수지는 목탁 두드리는 소리에 눈을 떴어요. 어딘지는 몰라도 절 마당인 것 같았어요. 커다란 불상이 모셔진 대웅전도 보이고, 울긋불긋 단청이 된 크고 작은 건물들이 한눈에 들어왔어요. 두리번거리던 수지가 소스라치게 놀라며 묘묘를 찾았어요. 옆에 있어야 할 묘묘가 보이지 않았거든요.

"묘묘! 묘묘가 어딨지?"

현우도 걱정이 되었어요. 샤바샤바는 묘묘를 몹시 싫어했어요! 함께 어딘가로 떨어졌다면……, 묘묘가 어떤 일을 당할지 짐작조차 할 수 없었지요.

절을 몇 바퀴나 돌고 지붕과 나무 위까지 살폈어요.

"묘묘!"

애타는 수지 목소리가 절 마당을 가득 메웠지요. 현우는 두 손을 귀 뒤에 갖다 대고 온갖 소리에 귀를 기울였어요. 묘묘가 어떤 작은 소리라도 내 주길 바라면서요. 현우의 간절한 마음이 통했던 걸까요? 현우 귀에 무슨 신호 같은 짧은소리가 들렸어요.

"니아!"

현우는 소리 나는 쪽으로 고개를 휙 돌렸어요. 커다란 돌탑이 눈에 들어왔지요.

묘묘는 돌탑 위에서 아래를 내려다봤어요. 수지는 두 손을 번쩍 들었지만, "묘!"까지 부르고 뚝, 멈췄어요. 탑 아래를 내려다보는 묘묘의 행동이 심상치 않았거든요. 아니나 다를까, 샤바샤바가 돌탑을 돌고 있었어요. 묘묘는 숨바꼭질이라도 하듯 돌탑 위에 몸을 숨긴 채 샤바샤바를 뒤쫓았어요. 샤바샤바는 두 손을 가슴에 모으고 돌탑을 돌며 무슨 말인가를 중얼거렸어요.

"뭐라는 거지?"

현우는 수지에게 눈짓을 보내며 샤바샤바 몰래 돌탑으로 다가갔어요. 수지도 살금살금 그 뒤를 따랐지요.

"석가탑과 다보탑. 석가탑과 다보탑. 이번에 왕에게 바칠 보물은 석가탑과 다보탑. 꼭 바칠 수 있게 해 주세요!"

말을 마친 샤바샤바는 돌탑을 향해 거듭거듭 절을 했어요. 현우와 수지는 자기 귀를 의심했어요. 그도 그럴 것이 돌탑을 아무리 봐도 석가탑과 다보탑이 아니었거든요. 다른 탑은 몰라도 석가탑과 다보탑만큼은 확실하게 알았어요. 가족 여행 가서 사진까지 찍었으니까요. 경주 불국사는 기억에 남은 신라 시대 절이었어요.

"엥?"

"여긴 석가탑과 다보탑이 있는 불국사가 아닌데."

불국사

통일 신라 시대의 대표적인 건축물인 불국사는 '부처님의 나라'라는 뜻이에요. 불교의 이상 세계를 구현하려는 불국사는 석가탑, 다보탑, 백운교, 연화교 등 아름다운 불교 예술을 보여 줍니다.

다보탑

불국사 대웅전에 있는 두 개의 탑 중 화려한 모양을 한 탑이에요. 십 원짜리 동전에 새겨져 있는 탑이 바로 다보탑이에요.

현우는 눈썹을 가운데로 모았어요. 분명한 건 샤바샤바가 석가탑과 다보탑을 훔치러 왔다는 거였어요.

"설마 저 탑을 석가탑과 다보탑이라고 착각한 건 아니겠지?"

현우 말이 채 끝나기도 전이었어요. 두 손을 모으고 허리를 굽히던 샤바샤바가 몸을 바로 세우더니 버블건을 꺼내 퐁퐁퐁 쏘았어요.

"발해 따위는 한 방에 날려 버리고 신라로 고고!"

여기가 어딘가를 계속 찾고 있었던 현우와 수지는 '신라'라는 말이 귀에 쏙 들어왔어요.

"그렇다면 여기는 신라?"

말을 하면서도 버블건에서 눈을 떼지 못했어요. 버블건을 찾으러 여기까지 왔으니까요. 둘은 동시에 버블건을 향해 달려들었어요.

그러나 샤바샤바는 어느새 저만치 떨어진 곳에서 비눗방울을 쏘았어요.

"약 오르지? 너희는 별 볼 일 없는 발해랑 똑같아."

"발해?"

그제야 현우 귀에 발해가 들어왔어요.

"너, 발해 모르는구나? 뭐, 시시하니까 몰라도 괜찮아! 그 정도는 나도 이해해."

현우는 기가 막혀 발을 쾅쾅 굴렀어요.

"누가 발해를 모른다고 그래요. 발해는 해동성국이에요. 무시하지 마세요!"

바다 동쪽의 융성한 나라, 발해

고구려가 멸망한 뒤 고구려 사람이던 대조영이 발해를 세웠어요. 발해는 만주 지역에 터를 잡고, 영토를 크게 넓혔어요. 주변 나라들과 사이 좋게 지내고, 당나라의 선진 문물과 제도를 받아들여 발전했지요. 발해는 '바다 동쪽의 융성한 나라'라는 뜻으로 '해동성국'이라고 불렸어요.

수지는 얼굴이 벌겋게 달아올랐어요.

"내놔. 버블건 내놓으라고!"

두 팔을 쭉 뻗은 채 샤바샤바를 쫓아다녔어요. 하지만 샤바샤바는 호락호락하지 않았어요. 거의 잡았다 싶은 순간에 살짝 비켜났지요.

"공짜는 안 되지. 내가 이걸 주면 넌 뭘 줄 건데?"

코앞에다 비눗방울을 쏘고 도망치기 일쑤였어요. 그때마다 수지는 괴로워하며 손을 내저었지요.

현우는 머릿속이 복잡했어요. 발해를 무시한다고 화만 내선 안 될 것 같았지요. 뭔가 야비한 속셈이 없으면 느닷없이 발해를 말할 수 없었어요. 현우는 마음을 떠보려고 은근슬쩍 물었어요.

"좋아요, 원하는 게 뭐죠?"

샤바샤바는 소름 끼치게 음흉한 미소를 띠며 버블건을 안주머니에 집어넣더니 천천히 입을 열었어요.

"저 가방."

수지의 가방을 가리키고는 뭔가를 넣는 시늉을 하며 말했어요.

"우리 위대한 샤바샤바가 발해에 전해 준 유물을 찾았는데 담아 갈 가방이 없어. 귀중한 유물을 주머니에 넣어 갈 순 없잖아? 안 그래?"

"싫어요!"

수지는 팔짱을 착 끼며 소리쳤어요.

"내가 그딴 거짓말에 속을 것 같아요? 얼른 버블건이나 내놔요."

샤바샤바는 버블건이 든 주머니를 톡톡 두들기며 고개를 흔들었어요.

"그렇게는 안 되지."

현우가 두 손을 허리에 척 올리더니 또박또박 따졌어요.

"샤바샤바, 이번에는 발해예요? 발해도 샤바샤바가 세웠나요? 왜 그런 엉터리 거짓말을 자꾸 하는 거죠?"

"아니, 아니, 거짓말이 아니야. 아직 네가 어려서 뭘 모르나 본데, 발해는……."

현우가 우렁찬 목소리로 샤바샤바 말을 잘랐어요.

"발해는 고구려를 계승한 나라예요. 그게 사실이고 역사죠. 우리한테 거짓말은 안 통한다고요!"

발해의 기와   고구려의 기와

고구려를 계승한 발해 🔍

발해가 고구려를 이어받은 흔적은 곳곳에서 발견할 수 있어요. 나라 이름을 '고려'로 사용하기도 했고, 발해의 왕이 자신을 고구려 왕이라고 표현하기도 했어요. 발해의 수도였던 곳에서는 고구려 양식을 이어받은 불상과 석등, 연꽃무늬 기와도 출토되었어요.

"흠, 이대론 안 되겠군."

샤바샤바는 슬금슬금 뒤로 물러나는 듯하더니 온데간데없었지요.

"어디로 갔지?"

수지는 제 눈을 의심하며 몇 바퀴나 제자리를 돌았어요. 현우는 기운이 쭉 빠졌지요. 샤바샤바는 도저히 이길 수 없는 불가사의 같았어요. 어깨를 축 늘어뜨리는 현우를 수지가 위로했어요.

"너무 실망하지 마. 우린 잡을 수 있어. 꼭 잡자. 응?"

현우가 고개를 끄덕이며 새끼손가락을 내밀었어요.

"그래, 고마워. 꼭 잡자. 기필코!"

현우와 수지는 새끼손가락을 걸고 엄지 도장까지 찍었어요.

그때 묘묘가 재빠르게 움직이는 게 보였어요. 뭔가를 발견한 게 틀림없었지요.

"서둘러!"

현우와 수지는 묘묘를 향해 달렸어요. 돌탑이 가까워지자 몸을 돌려 반대 방향으로 돌았어요.

"묘묘!"

그러나 묘묘는 눈에 띄지 않았어요.

"어디로 갔지?"

현우와 수지가 두리번거리고 있을 때였어요. 어디선가 끙끙대는 소리가 들렸어요. 현우가 귀 뒤에 손을 대고 살금살금 발걸음을 옮겼어요. 수지도 온 신경을 곤두세우며 소리 나는 쪽으로 움직였지요.

그런데 세상에나, 샤바샤바가 돌탑 아래서 돌을 빼내려고 끙끙대고 있었어요. 꿈쩍도 하지 않는 돌을 붙들어 잡고 안간힘을 썼어요. 벌겋게 달아오른 얼굴에는 구슬땀이 줄줄 흘렀지요.

　묘묘가 돌을 빼내려는 샤바샤바 손으로 풀쩍 뛰어내렸어요. 샤바샤바는 기겁해서 돌을 놓고 돌탑에서 물러섰어요. 묘묘는 샤바샤바 손에서 어깨를 거쳐 뒷머리에 찰싹 달라붙었어요. 샤바샤바는 기묘한 울음소리를 내며 펄쩍펄쩍 뛰었어요. 하지만 묘묘는 떨어지지 않았어요. 샤바샤바가 날뛰면 날뛸수록 더 딱 달라붙었지요.

　"이아옹!"

　샤바샤바는 울며불며 달렸어요. 현우와 수지도 샤바샤바를 따라 달렸지요.

발해를 세운 대조영과 남북국 시대

고구려가 멸망한 뒤 그 땅을 차지한 당나라는 나라를 잃은 고구려 사람들을 강제로 당나라로 끌고 왔어요. 살아남은 고구려 사람들이 힘을 모으지 못하게 하기 위해 이곳 저곳으로 이주시켰던 거예요.

그중에는 대조영도 있었어요. 대조영은 고구려 사람들과 말갈족을 이끌고 탈출했지요. 대조영은 쫓아오는 당나라 군대를 물리치고 동모산 근처에 터를 잡고 나라를 세웠어요. 고구려가 멸망한 지 30년 만에 생겨난 발해는 고구려의 옛 영토를 되찾고자 하는 의지를 선언하며, 남쪽의 신라와 함께 남북국을 이루고 새 시대를 열었어요.

발해의 발전을 이끈 왕

발해를 세운 대조영의 아들인 무왕은 아버지의 뜻을 이어받아 영토를 확장하며 발해를 강한 나라로 이끌었어요. 당나라는 신라와 손을 잡고 발해를 공격하려 했지만, 무왕은 오히려 당의 산둥반도를 공격하며 당나라를 긴장하게 만들었지요.

문왕은 무왕의 아들이에요. 문왕은 넓은 영토와 경제력을 바탕으로 발해를 튼튼하고 안정적인 나라로 만들기 위해 힘썼어요. 당과 친선 관계를 맺으며 당의 문물을 받아들이고, 신라와도 교류했지요.

문왕 이후 한동안 혼란한 시간을 겪던 발해는 선왕에 이르러 전성기를 맞았어요. 옛 고구려의 영토 대부분을 되찾고, 대외 무역도 활발해서 '해동성국'이라 불릴 정도가 되었어요.

해동성국 발해의 수도

발해가 처음 자리를 잡은 동모산은 적을 상대하기에 유리한 지형이었지만, 차츰 나라가 커지고 사람이 많아지면서 도읍의 역할을 하기가 어려워졌어요. 그래서 발해는 도읍을 여러 번 옮기게 되었지요. 발해는 도읍이었던 중경, 상경, 동경 외에도 두 곳에 성을 더 쌓아 나라를 다스렸어요. 이를 오경이라 하고, 북경과 남경까지 다섯 도시가 연결되어 있었어요.

상경을 중심으로는 다섯 갈래의 길이 있었어요. 거란으로 가는 길, 당나라로 가는 길, 신라로 가는 길, 일본으로 가는 길, 중앙아시아와 시베리아에 담비 가죽을 팔던 담비의 길이 있었지요. 사신과 상인들은 이 길을 통해 여러 나라를 오가며 활발하게 교류했어요.

2장 버블건의 주인을 찾아 주세요!

4 사바사바의 진짜 목표
통일 후 신라 사회는 어떻게 변했을까?

샤바샤바는 달렸어요. 달리면서도 묘묘를 떨어뜨리려고 온갖 짓을 다 했어요. 껑충껑충 뛰어올랐다가 뺑뺑 돌기도 하고, 마구 뒤흔들기도 했어요. 그렇게 달리다 보니 낭떠러지 앞이었어요. 샤바샤바는 잠깐 엉덩이를 뒤로 뺐지만, "에잇!" 하면서 그대로 뛰어내렸어요. 묘묘를 떨어뜨리기 위해서라면 못할 것이 없어 보였지요.

그 순간 묘묘는 옆에 있던 나뭇가지를 꽉 붙잡고 나무 위로 기어올랐어요. 현우와 수지는 낭떠러지 앞에서 가까스로 멈춰 섰지요.

　큰소리와 함께 물이 확 솟구치며 샤바샤바가 계곡 속으로 곤두박였어요. 주변에 있던 사람들이 일제히 소리 나는 쪽을 향해 몸을 일으켜 세웠지요.

　현우는 바짝 긴장하여 푸른 계곡물을 내려다봤어요. 계곡물은 언제 샤바샤바가 떨어졌냐는 듯 금방 고요해졌어요. 현우는 샤바샤바가 헤엄쳐 나오길 마냥 기다릴 수 없었어요. 이대로 샤바샤바를 잃어버리면 버블건은 물론이고 집에도 돌아갈 수 없었어요. 밉든 싫든 계곡으로 내려가서 샤바샤바를 찾아야 했지요.

　"가자!"

　현우는 가시덤불과 수풀을 뚫고 계곡을 향해 내려가기 시작했어요. 길은 물론이고 앞도 잘 보이지 않았지만, 물소리를 안내 삼아 어떻게든 아래로 내려갔지요.

얼마쯤 내려갔을까, 계곡에서 누군가 다급하게 외치는 소리가 들렸어요.

"사람이다!"

현우는 샤바샤바를 떠올리며 소리가 나는 쪽을 가늠했어요. 샤바샤바가 떨어졌던 곳보다 아래쪽인 것 같았지요. 곧이어 첨벙첨벙 사람들이 물속으로 들어가는 소리가 들리고, "여기야, 여기!" 하는 소리가 들렸어요. 현우는 나무 위로 올라가 계곡을 살폈어요. 사람들이 물속에서 샤바샤바를 끌어올리고 있었지요.

현우와 수지는 계곡 쪽을 살피며 조심조심 내려갔어요. 사람들의 목소리가 점점 더 또렷하게 들릴 즈음이었어요. 갑자기 "뭐야?" 하는 큰소리가 나더니, "뭐 훔쳐 간 거 없지? 훔쳐 갔으면 가만두지 않을 거야." 하는 샤바샤바 목소리가 들렸어요. 현우와 수지는 고개를 절레절레 흔들었어요. 아무리 도둑이라도 자신을 살려 준 사람들에게 어떻게 그런 말을 할 수 있는지 이해가 안 되었지요.

"나는 원효 스님한테 불교를 배운 사람이야. 해골 물 마시고 깨달음을 얻은 원효 스님 알지?"

정말 얼토당토않은 말이었지만, 원효라는 이름만으로도 사람들이 두 손을 모았어요. 불교와 원효가 이 사람들에게 어떤 존재인지 실감이 났지요.

해골 물과 원효

당나라로 불교를 공부하러 떠난 승려 원효는 밤이 깊어 동굴에서 잠을 자게 되었어요. 잠결에 목이 마르자 옆에 있던 물을 마셨지요. 아침에 눈을 떠 보니 원효가 마신 건 해골에 고인 썩은 물이었어요. 지난 밤과 달라진 건 자신의 마음 뿐이란 깨달음을 얻었지요.

현우는 있는 힘껏 소리쳤어요.

"거짓말이에요. 다 거짓말이라고요!"

수지도 소리쳤어요.

"속으면 안 돼요. 저 사람은 도둑이에요."

사람들이 두 손을 모은 채 놀란 눈으로 둘을 봤어요.

"저는 원효 스님 책을 읽었어요. 그런데 샤바샤바를 가르쳤다는 말은 없었어요. 여러분은 혹시 들어 본 적 있나요?"

현우 말에 사람들이 고개를 가로저었어요.

백성들에게 불교를 전한 원효

유학을 포기하고 돌아온 원효는 자신의 깨달음을 알리고자 불교를 쉽게 풀어 책으로 펴냈어요. '나무아미타불'을 외우면 누구나 극락에 갈 수 있다고 했지요. 이는 글을 읽지 못하는 백성들에게도 널리 퍼져서 불교를 대중화하는 데 큰 공헌을 했어요.

사람들의 관심이 현우와 수지에게 쏠리자, 샤바샤바가 품속에서 버블건을 꺼냈어요.

"자, 봐라. 여기 증거가 있다!"

"증거?"

사람들의 눈이 일제히 버블건으로 쏠렸어요. 샤바샤바가 보란 듯이 버블건을 머리 위로 들어 올렸어요.

"원효 스님이 이걸 물려주셨다. 이렇게 쏘면……."

그러고는 버블건의 방아쇠를 당겼어요. 하지만 버블건에서는 비눗방울이 나오지 않았지요.

현우와 수지는 버블건을 보고만 있을 수 없었어요.

"내놔!"

벼락같이 소리치며 버블건을 향해 달려들었지요. 샤바샤바는 빛의 속도로 머리를 가랑이 사이에 넣고 벌러덩 재주를 넘었어요. 샤바샤바를 잡으려던 현우와 수지는 풀썩 엎어지고 말았지요. 묘묘는 가르랑거리며 수지의 품을 빠져나왔어요.

샤바샤바는 버블건을 품속에 넣으며 사람들에게 말했어요.

"도둑은 이놈들이야. 원효 스님이 물려주신 보물을 빼앗아 가려고 하는 거, 다 봤잖아."

사람들이 웅성거리자, 샤바샤바가 더 크게 말했어요.

"저놈들에게 보물을 뺏기지 않으려고 절벽에서 뛰어내렸어. 목숨 걸고 보물을 지켰지."

사람들이 고개를 끄덕였어요. 샤바샤바가 물에 빠진 의문이 이제야 풀렸다는 표정이었지요. 현우와 수지가 벌떡 일어났어요.

"거짓말이에요. 그건 원효 스님에게 물려받은 게 아니에요."

"성호 버블건을 훔친 거죠!"

사람들은 서로를 보며 고개를 갸웃했어요. 누구 말을 믿어야 할지 모른다는 표정이었지요.

묘묘는 샤바샤바를 뒤쫓았어요. 수지는 발을 동동 굴렀어요. 그때 한 아이가 현우 옷자락을 살그머니 붙잡았어요. 아이가 속삭이듯 물었어요.

"너, 정말 원효 스님 책 읽었어?"

"응. 정말이야."

"사실 나는 처음부터 너희를 믿었어. 진짜 도둑을 잡아야지. 내가 지름길로 안내할게."

"고마워."

현우는 수지의 손을 꼭 잡고 아이 뒤를 따랐어요. 아이는 나는 듯이 걸었어요. 커다란 바위도 훌쩍훌쩍 뛰어넘었지요. 현우와 수지는 숨이 찼지만 기를 쓰고 따라갔어요.

곧 바다가 보이고 여러 척의 배가 바다에 떠 있었어요. 바닷가에는 시장이 열렸어요. 다양한 옷차림을 한 사람들이 분주히 오고 갔지요.

"저기가 청해진이야."

아이 말에 현우는 가슴이 뛰었어요. 짐작은 하고 있었지만 통일 신라에 온 것이었어요. 바다의 왕 장보고는 현우가 좋아하는 신라의 위인이었어요.

해상왕 장보고

전라남도 완도에서 태어난 장보고는 어려서부터 무예가 뛰어났어요. 장보고는 일본과 당나라를 오가는 무역선이 다니는 바닷길의 중심인 청해에 진을 설치했어요. 이곳에서 해적을 소탕하고 신라 상인들이 안전하게 교역할 수 있게 했지요.

"잠깐!"

수지가 걸음을 멈추더니 온 신경을 그러모아 소리에 집중했어요. 묘묘의 울음소리를 들은 것 같았지요. 현우도 눈썹을 가운데로 모으며 주위를 살폈어요.

"저기!"

아이가 가리킨 것은 아주 커다란 배였어요. 승선 중인지 사람들이 줄지어 서 있었지요. 수지는 묘묘를 부르며 날쌘 말처럼 달려 나갔어요. 현우와 아이도 전속력으로 달렸지요.

　사람들이 임시로 만든 나무다리를 건너 배에 올랐어요. 그 가운데 샤바샤바도 끼어 있었지요. 현우의 가슴이 두방망이질했어요. 어떻게든 샤바샤바가 배를 못 타게 막아야 했어요. 묘묘의 울음소리가 들린 것은 바로 그때였어요. 이아옹~ 묘묘가 허리를 활처럼 구부린 채 배 난간에서 샤바샤바를 노려 보았어요. 샤바샤바는 귀를 막으며 괴로운 듯 아랫입술을 깨물었지요.

　"저, 저, 고양이를……."

　샤바샤바가 말을 더듬으며 품속에서 버블건을 꺼냈어요.

　"이, 이것을 장보……."

　하지만 뒷말은 이을 수 없었어요. 묘묘가 비호처럼 몸을 날려 버블건을 낚아챘거든요. 그때 아이가 샤바샤바를 가리키며 "도둑이야!"를 외쳤어요. 사람들의 눈이 일제히 샤바샤바에게 향했지요. 샤바샤바가 포기한 듯 독버섯 버클로 손을 가져갔어요. 현우와 수지는 필사적으로 두 손을 뻗었지요. 그 순간, 블랙홀로 빨려 들 듯 어딘가로 쭉 빨려 들고 말았어요.

"이아옹."

현우와 수지는 묘묘의 울음소리를 들으며 눈을 떴어요. 묘묘는 앞발에 버블건을 꼭 움켜쥔 채 으르렁댔어요. 수지는 묘묘를 와락 끌어안았어요.

"묘묘! 네가 해냈어. 대단해."

그때 분실물 신고 센터 뒤쪽에서 한숨 소리가 들렸어요.

"후유, 대왕님께는 뭐라고 보고하지? 장보고의 배가 없었다고 할까? 아휴, 그놈의 고양이만 아니었어도……."

터덜터덜 걸어가는 발소리와 함께 샤바샤바의 목소리가 점점 멀어졌어요.

현우와 수지는 좋아서 펄쩍펄쩍 뛰며 분실물 신고 센터로 돌아왔어요. 분실물 센고 센터에는 반가운 손님이 기다리고 있었지요.
"형아, 누나! 내 버블건은?"
수지가 뒤에 감추고 있던 손을 짜잔! 내밀었어요.
"와아, 내 버블건."
아빠 문 소장이 일을 하다 말고 아이들을 보며 활짝 웃었어요.
현우와 수지는 날아갈 듯이 기뻤어요. 묘묘는 아무 일도 없었다는 듯 창가에 자리를 잡고 앉았지요. 분실물 신고 센터에는 까르르 웃는 아이들의 웃음소리가 넘쳐 났답니다.

통일 신라의 신분 제도, 골품 제도

통일 신라에는 골품 제도라는 신분 제도가 있었어요. 골품 제도는 왕족인 성골과 진골을 비롯하여, 지배층을 이루는 6두품으로 이루어져 있지요.

원래 왕위는 성골이 이어받았는데, 신라가 삼국을 통일할 무렵에는 성골의 대가 끊어졌어요. 신라에 여왕이 있던 것도 당시 성골 중에 왕위를 이어받을 남자가 없었기 때문이에요. 태종 무열왕(김춘추)부터는 진골이 왕이 되었어요.

골품 제도는 많은 한계가 있었어요. 아무리 능력이 뛰어나도 타고난 신분이 낮으면 출세할 수 없고, 집의 크기는 물론 입을 수 있는 옷도 제한적이었어요. 그래서 출세할 수 없는 신분을 가진 사람들은 당나라로 유학을 가거나 관직을 포기하기도 했어요. 사람들은 점차 새로운 사회를 꿈꾸게 되었지요.

불교 예술의 걸작, 불국사와 석굴암

불국사는 '부처님의 나라'라는 뜻을 가진 절이에요. 불국사의 대웅전 앞에는 서로 다른 매력으로 아름다운 석가탑과 다보탑이 있어요. 불국사와 멀지 않은 곳에 있는 석굴암은 300여 개나 되는 돌을 나무처럼 짜 맞추어 만든 세계적인 인공 석굴 사원이에요. 석굴암의 본존불상은 부처의 위엄과 경건함이 잘 표현되어 있지요.

석굴암과 불국사는 우리 조상의 뛰어난 과학 기술과 예술성이 녹아 있는 불교문화의 최고 걸작이라고 할 수 있어요. 1995년에 유네스코 세계 유산으로 등재되었어요.

불국사 다보탑과 석가탑

석굴암 본존불상

삼국 시대

① 삼국과 가야는 어떻게 세워졌을까?

건국 신화는 나라를 세운 사람이 평범한 사람이 아니라 특별한 존재라는 걸 강조해요.

	고구려	백제	신라	가야
시조	주몽	온조	박혁거세	김수로
건국 신화	물의 신 하백의 딸 유화와 하늘 신의 아들 해모수 사이에 나온 알에서 태어남	알에서 태어난 주몽의 아들이 한강 이남에 백제를 세움	우물 옆에 흰말이 엎드려 울고, 그 자리에 있던 알에서 태어남	금빛 상자에 들어 있는 여섯 알 중 가장 먼저 태어남

② 삼국은 어떻게 발전했을까?

삼국은 한강 유역을 중심으로 발전하면서 전성기를 맞이했어요. 한강 유역은 넓은 평야 지대가 있어 농업이 발달할 수 있고, 황해를 통해 중국과 교류하기 좋은 곳이었어요.

	백제	고구려	신라
	4세기 근초고왕	5세기 광개토 대왕, 장수왕	6세기 진흥왕
전성기	4세기 백제	5세기 고구려	6세기 신라

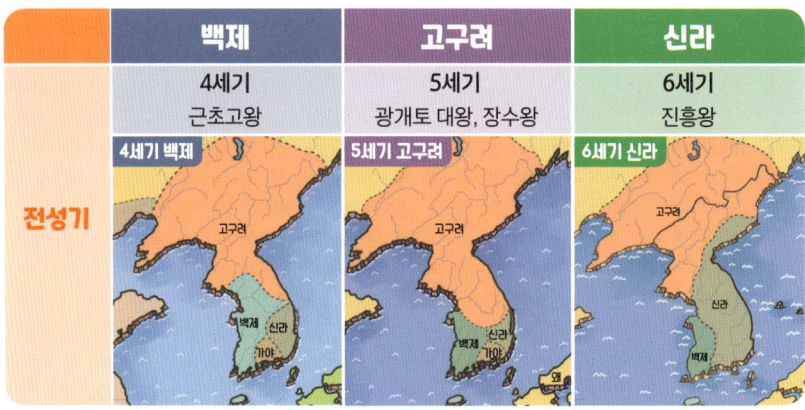

남북국 시대

① 신라는 삼국을 어떻게 통일했을까?

중국 수나라와 대립하던 고구려는 살수 대첩에서 크게 이기며 수나라의 침략을 막아 냈어요. 당나라도 고구려를 호시탐탐 넘봤는데, 고구려가 안시성 싸움에서 이기며 당의 침략을 막아 냈지요.
한편 신라는 백제가 공격해 오자 당나라와 동맹을 맺게 되었어요. 백제는 결국 나당 연합군의 공격에 무너졌고, 고구려 역시 연개소문이 죽은 뒤 분열이 생기자 나당 연합군에 의해 멸망하게 되었어요. 당나라는 신라까지 몰아내며 한반도를 차지하려 했지만 매소성과 기벌포 전투에서 신라가 이기며 신라는 삼국 통일을 이루게 되었어요.

② 남북국 시대는 어땠을까?

698년 고구려 유민인 대조영이 발해를 세우고 고구려를 계승했어요. 북쪽에는 발해가, 남쪽에는 통일 신라가 자리 잡으며 남북국 시대가 열렸지요.
발해는 무왕, 문왕, 선왕을 거치며 옛 고구려의 영토 대부분을 차지하며 해동성국이라 부를 정도의 전성기를 이루었어요.
통일 신라는 불교가 발달하여 불국사와 석굴암 등 불교문화를 꽃피웠고, 해상왕 장보고의 활약으로 바다에서의 해상권도 장악할 수 있었지요. 통일 신라에는 신분 제도인 골품 제도가 있었는데, 이는 6두품 세력의 불만을 만들었어요.

문제를 풀자!

Q1 각 시기별로 전성기를 맞이한 나라를 바르게 적은 것은?

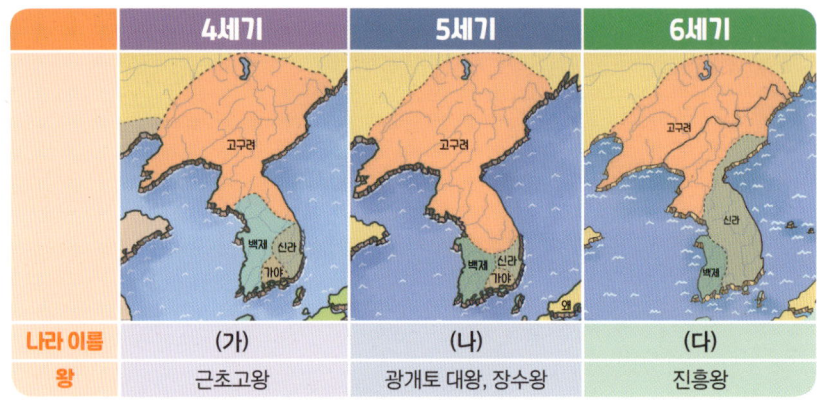

	4세기	5세기	6세기
나라 이름	(가)	(나)	(다)
왕	근초고왕	광개토 대왕, 장수왕	진흥왕

① (가)백제, (나)신라, (다)고구려
② (가)가야, (나)고구려, (다)신라
③ (가)백제, (나)고구려, (다)신라
④ (가)신라, (나)고구려, (다)백제

Q2 다음 사진과 관련 있는 나라에 대한 설명은?

수로왕릉

수레바퀴 모양 토기

① 철기 문화가 발달했다.
② 신분 제도인 골품 제도가 있다.
③ 불교를 일본에 전했다.
④ 해모수와 유화 사이에서 태어난 아이가 시조이다.

Q3 신라가 삼국을 통일한 과정을 순서대로 적은 것은?

① (다)-(가)-(라)-(나)
② (가)-(다)-(나)-(라)
③ (라)-(다)-(가)-(나)
④ (라)-(가)-(다)-(나)

Q4 발해에 대한 설명 중 틀린 것은?

① 고구려 유민인 대조영이 세웠다.
② 백제를 계승했다.
③ 무왕, 문왕, 선왕이 전성기를 이끌었다.
④ 해동성국이라 불렸다.

정답이 뭐야?

A1 정답은 ③입니다.

백제는 4세기 근초고왕 때 전성기를 맞이했어요. 북쪽으로는 고구려 평양성을 공격하고, 황해도 지역까지 차지했어요. 5세기에 전성기를 맞은 고구려는 장수왕 때 들어서는 광개토 대왕릉비와 충주 고구려비를 세우기도 했어요. 6세기 진흥왕 때 전성기를 맞은 신라는 화랑도를 국가적인 조직으로 만들어 인재를 길러 냈고, 대가야까지 정복했어요.

A2 정답은 ①입니다.

김수로는 가야를 세운 사람이에요. 가야는 토기 제작 기술과 철기 문화가 발달했어요. ②번 골품 제도는 신라의 신분 제도예요. ③불교를 일본에 전한 것은 고구려와 백제입니다. ④번 물의 신 하백의 딸 유화와 하늘 신의 아들인 해모수와의 사이에서 태어난 아이는 고구려를 세운 주몽이에요.

A3 정답은 ④입니다.

신라는 백제의 공격을 막으려고 당나라와 손을 잡았어요. 백제는 결국 나당 연합군의 공격에 무너지고, 고구려 역시 연개소문이 죽은 뒤 분열이 생기자 나당 연합군에 의해 멸망했어요.
신라까지 공격하려던 당나라는 신라와의 전쟁에 지고, 신라는 결국 삼국 통일을 이루게 되었어요.

A4 정답은 ②입니다.

고구려 유민인 대조영이 세운 발해는 고구려를 계승했어요. 불상, 석등, 무덤, 온돌, 기와 등 고구려 양식을 이어받아 발전시켰어요.

한국사 연표

선사 시대

약 70만 년 전
구석기 시대 시작

기원전 8천년경
신석기 시대 시작

기원전 2333년
단군왕검 고조선 건국

기원전 1천년경
청동기 시대 시작

고조선

기원전 400년경
철기 시대 시작

기원전 194년
위만 고조선 왕이 됨

삼국시대

612년
살수대첩

645년
안시성 싸움

552년
백제 일본에 불교 전함

기원전 18년
백제 건국

527년
신라 불교 공인

기원전 57년
신라 건국

기원전 37년
고구려 건국

남북국 시대

676년
신라 삼국 통일

698년
발해 건국

751년
신라 불국사와 석굴암을 세움

828년
신라 장보고 청해진 설치

900년
견훤 후백제 건국

901년
궁예 후고구려 건국

918년
왕건 고려 건국

고려 시대

1376년
최영 왜구 정벌

1377년
최무선 화통도감 설치,
《직지심체요절》 인쇄

1388년
위화도 회군

1236년
〈팔만대장경〉 새김(~1251)

1270년
개경으로 도읍을 다시 옮김,
삼별초의 항쟁

1359년
홍건적의 침입
(~1361)

1170년
무신 정변

1231년
몽골 1차 침입

1232년
강화도로 도읍 옮김,
몽골 2차 침입

1234년
금속 활자로
《고금상정예문》 인쇄

936년
고려 후삼국 통일

1019년
귀주 대첩

1107년
윤관 여진 정벌

1126년
이자겸의 난

1135년
묘청의 난,
서경 천도 운동

대한민국

1945년
8.15 해방

1948년
대한민국 정부 수립,
조선 민주주의 인민
공화국 수립

1950년
한국 전쟁(6.25 전쟁)
일어남

1953년
휴전 협정 체결

1960년
4.19 혁명 일어남

1962년
제1차 경제 개발
5개년 계획

1980년
5.18 민주화 운동

1987년
6월 민주 항쟁

1988년
제24회 서울 올림픽 개최

1991년
남북한 유엔 동시 가입

일제 강점기

1926년
6.10 만세 운동

1920년
봉오동 전투,
청산리 대첩

1919년
3.1 운동, 대한민국
임시 정부 수립

대한 제국

1897년
대한 제국 선포

1905년
을사조약

1907년
국채 보상 운동,
고종 황제 퇴위,
신민회 설립

1909년
안중근
이토 히로부미
사살

1910년
일본에 주권을 빼앗김,
조선 총독부 설치

조선 시대

1392년
조선 건국

1394년
한양으로 도읍 옮김

1443년
훈민정음 창제

1446년
훈민정음 반포

1592년
임진왜란(~1598)

1610년
허준《동의보감》완성

1627년
정묘호란

1636년
병자호란

1678년
상평통보 만듦

1708년
전국적으로 대동법 실시

1801년
신유박해

1860년
최제우 동학 창시

1866년
병인박해, 병인양요

1871년
신미양요,
흥선 대원군 척화비 세움

1875년
운요호 사건

1876년
일본과 강화도 조약 맺음

1884년
우정국 설치, 갑신정변

1894년
동학 농민 운동, 갑오개혁

1896년
아관파천, 독립 협회 설립,
〈독립신문〉 발간

이 책에 실린 사진

24쪽 오늘날 몽촌토성, 한국학중앙연구원
45쪽 금동미륵보살 반가사유상, 국립중앙박물관
45쪽 백제의 불교문화를 보여 주는 서산 용현리 마애여래삼존상, 문화재청 대변인실
62쪽 무용총 옥우도, 국립중앙박물관
62쪽 무용총 우차도, 국립중앙박물관
82쪽 수로왕릉, Wikimedia ⓒKwj2772
83쪽 가야의 수레바퀴 모양 토기, 국립중앙박물관
100쪽 을지문덕 동상, 한국학중앙연구원·김형수
120쪽 계백 장군의 황산벌 전투, 전쟁기념관
159쪽 불국사 다보탑과 석가탑, shutterstock
159쪽 석굴암 본존불상, 문화재청
162쪽 수로왕릉, Wikimedia ⓒKwj2772
162쪽 가야의 수레바퀴 모양 토기, 국립중앙박물관

이 책에는 주식회사 투게더그룹에서 제작한 'TT투게더' 서체가 사용되었습니다.

역사 악동즈 VS 역사 도둑
한국사고! ❷ 삼국 시대와 남북국 시대

1판 1쇄 발행 2022년 8월 22일

글 김은의
그림 김용길

펴낸이 김유열
지식콘텐츠센터장 이주희
지식출판부장 박혜숙
지식출판부·기획 장효순, 최재진 | **마케팅** 이정호, 최은영

책임편집 이제
디자인 이보배
인쇄 명진씨앤피

펴낸곳 한국교육방송공사(EBS)
출판신고 2001년 1월 8일 제2017-000193호
주소 경기도 고양시 일산동구 한류월드로 281
대표전화 1588-1580
이메일 ebsbooks@ebs.co.kr
홈페이지 www.ebs.co.kr

ISBN 978-89-547-6412-4 (74910)
       978-89-547-6011-9 (세트)

ⓒ 2022, EBS·김은의·김용길

이 책은 저작권법에 따라 보호받는 저작물이므로 무단 전재 및 무단 복제를 금합니다.
파본은 구입처에서 교환해드리며, 관련 법령에 따라 환불해드립니다. 제품 훼손 시 환불이 불가능합니다.